GuíaBurros

ECONOMÍA DE ACCESO

FRANCISCO GONZÁLEZ BREE

www.economiadeacceso.guiaburros.es

EDITATUM

Diseño de cubierta: © Looking4

Maquetación de interior: © Editatum

Primera edición: Noviembre de 2018

ISBN: 978-84-949279-5-9

Depósito legal: M-36646-2018

Impreso en España/ Printed in Spain

Si después de leer este libro, lo ha considerado como útil e interesante, le agradeceríamos que hiciera sobre él una **reseña honesta en Amazon** y nos enviara un e-mail a **opiniones@guia-burros.com** para poder, desde la editorial, enviarle **como regalo otro libro de nuestra colección.**

Agradecimientos

Agradecer a mi mujer, mis padres, mi hermana, amigos y compañeros por ayudarme con sus comentarios y reflexiones.

A Borja Pascual por haber confiado en mí para escribir este GuíaBurros *Economía de Acceso*.

A todas las personas que en este de mundo de cambios acelerados están aportando grandes dosis de creatividad, innovación y humanismo.

Sobre el autor

Paco Bree es Doctor en *Business Administration* por la Kingston Business School (Kingston University, London) y MBA por Edinburgh University Business School. En la actualidad trabaja como profesor, investigador y Director Académico del *Master in Business Innovation* de Deusto Business School. También es artista y reconocido profesional en el ámbito de la creatividad y la innovación. Ha realizado diversas exposiciones individuales. Además de su aportación artística y académica, es asesor de Factoría Cultural e Innsomnia y colaborador habitual en diferentes medios como Cinco Días, El Mundo y La Razón.

Índice

Introducción

El mundo está cambiando a una velocidad de vértigo. Estos cambios acelerados incluyen una serie de nuevas economías que debemos conocer y comprender. Cada vez vemos con mayor frecuencia noticias sobre la economía P2P, la economía compartida o colaborativa, la economía de acceso, la economía bajo demanda, la economía *gig*, la economía circular y la economía de plataformas.

El autor ha creado un método sencillo para explicar estas nuevas economías desde la práctica a la teoría. El libro utiliza una metodología basada, metafóricamente, en una diana de tiro con arco. La diana consta de once ejemplos reales de empresas que han influido en la aparición de las nuevas economías. Después se explican nueve conceptos fundamentales para comprender aspectos y detalles de estas economías. Seguidamente, se detallan siete nuevas economías. A continuación, se introducen cinco herramientas que el profesional del siglo XXI debe conocer para moverse en las nuevas economías. Finalmente, se recomiendan tres habilidades que, cada vez más, nos servirán para dar sentido al mundo actual que nos ha tocado vivir e imaginar mundos futuros donde el estado del bienestar sea fundamental. Esta guía ha sido diseñada para explicar algunas de las nuevas economías de forma fácil y sencilla. Para ello aborda temas relacionados directa e indirectamente con estas nuevas economías, en ocasiones ciertamente complejas.

El método DIANA para dominar las nuevas economías

Hace un par de décadas, la categorización de las aplicaciones de *e-commerce* e internet era más sencilla que en la actualidad. Por ejemplo, la OECD proponía en el año 2000 las nueve posibilidades de interrelaciones entre distintos actores en las aplicaciones de *e-commerce* e internet que vemos en la tabla 1. En aquella época era relativamente sencillo ubicar cualquier nuevo negocio en alguna de las categorías. Desde hace una década se ha producido una explosión de nuevas formas económicas y nuevos modelos de negocio que se salen de la lógica clásica y de las categorizaciones existentes.

Tabla 1. Aplicaciones de *e-commerce* e internet

Aplicaciones de *e-commerce* e internet			
	Consumidor	**Empresa**	**Gobierno**
Consumidor	C2C (Consumidor a consumidor)	C2B (Consumidor a empresa)	C2G (Consumidor a Gobierno)
Empresa	B2C (Empresa a consumidor)	B2B (Empresa a empresa)	B2G (Empresa a Gobierno)
Gobierno	G2C (Gobierno a consumidor)	G2B (Gobierno a empresa)	G2G (Gobierno a Gobierno)

Hace un par de décadas era relativamente sencillo identificar y categorizar los nuevos negocios que iban surgiendo. Desde la llegada de internet a mediados de los años noventa esta situación ha cambiado para siempre. En la actualidad es bastante frecuente que a los estudiosos del tema les resulte difícil identificar y categorizar a las nuevas empresas que van surgiendo en la actual revolución digital.

Nuevos marcos conceptuales sumamente complejos

Distintos autores están construyendo nuevas teorías y marcos conceptuales que están recogiendo estas nuevas formas económicas y nuevos modelos de negocio. Incluimos tres ejemplos para ilustrar la alta complejidad de conceptos y de marcos conceptuales existentes hoy en día en el mundo de la investigación.

En este primer ejemplo, podemos ver el marco conceptual que aparece en el estudio de los autores Stanoevska-Slabeva, Lenz-Kesekamp y Suter titulado *Platforms and the Sharing Economy: An Analysis*. Dicho marco conceptual propone ciertas interrelaciones entre distintos actores en las nuevas aplicaciones de *e-commerce* e internet. En concreto, la economía de acceso, la economía colaborativa y la economía *gig*.

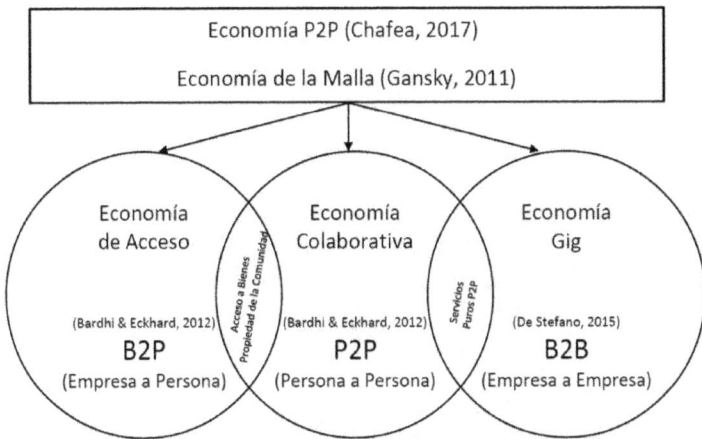

Economía P2P (Chafea, 2017)

Economía de la Malla (Gansky, 2011)

Economía de Acceso	Economía Colaborativa	Economía Gig
(Bardhi & Eckhard, 2012)	(Bardhi & Eckhard, 2012)	(De Stefano, 2015)
B2P	P2P	B2B
(Empresa a Persona)	(Persona a Persona)	(Empresa a Empresa)

Acceso a Bienes Propiedad de la Comunidad

Servicios Puros P2P

* Las nuevas economías (adaptado de Stanoevska-Slabeva, Lenz-Kesekamp y Suter).

En este segundo ejemplo, podemos ver el marco conceptual que aparece en el estudio del autor Koen Frenken titulado *Political Economies and Environmental Futures for the Sharing Economy*. Dicho marco conceptual propone ciertas interrelaciones entre la economía de acceso, la economía P2P y la economía circular.

Economía
P2P

Economía de
Segunda Mano

Economía Bajo
Demanda

Economía
Compartida o
Colaborativa

Economía
Circular

Economía
de Acceso

Economía de
Productos y
Servicios

* Las nuevas economías (adaptado de Koen Frenken).

En este tercer ejemplo, podemos ver el marco conceptual que aparece en el estudio de los autores Aurélien Acquier, Thibault Daudigeos & Jonatan Pinkse titulado *Promises and Paradoxes of the Sharing Economy: An Organizing Framework*. Dicho marco conceptual propone ciertas interrelaciones entre la economía de acceso, la economía basada en la comunidad y la economía de plataformas.

Economía Basada en la Comunidad

Plataformas Basadas en la Comunidad

Acceso Basado en la Comunidad

Ideal de Economía Compartida

Economía de Plataformas

Economía de Acceso

Plataformas de Acceso

* Las nuevas economías (adaptado de Aurélien Acquier, Thibault Daudigeos & Jonatan Pinkse).

> ⚠ **IMPORTANTE**
>
> *Estos conceptos y marcos conceptuales son tan complejos que nos despiertan un sinfín de dudas y preguntas. ¿Qué es la economía P2P, qué es la economía de acceso, qué es la economía colaborativa, qué es la economía gig, qué es la economía circular, qué es la economía bajo demanda, qué es la economía de plataformas, etc.?*

El método DIANA

Este libro busca explicar de una forma sencilla la mayoría de estas economías. Para ello, este autor ha creado el método DIANA, que mezcla la teoría y la práctica de una forma fácil. El método incluye once ejemplos reales para introducirnos en las nuevas economías, nueve conceptos fundamentales para navegar en las nuevas economías, siete definiciones necesarias para describir las nuevas economías, cinco herramientas clave que se pueden usar en la práctica en las nuevas economías y tres habilidades indispensables en las nuevas economías.

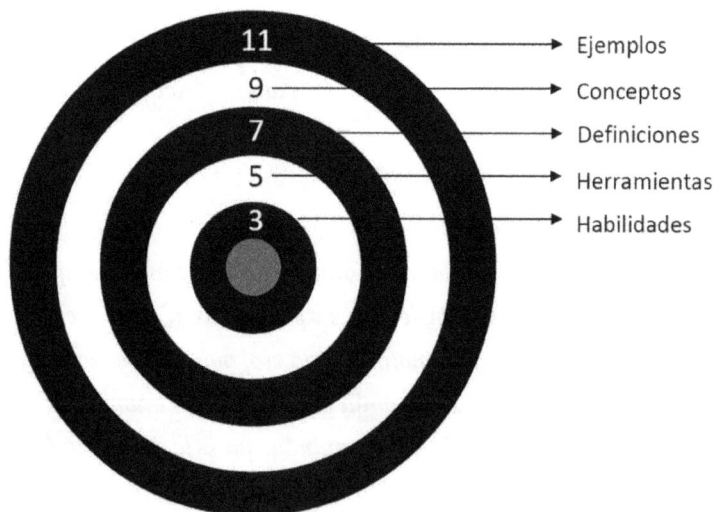

* Descripción visual de la metodología DIANA

Un poco de historia antes de empezar

La avalancha de las nuevas economías no ha surgido de la noche a la mañana, y merece la pena revisar los progresos de las últimas décadas en este campo. Los autores Vargo y Lusch explicaban en un artículo del año 2004 que realmente se ha producido una transición desde una **lógica dominante basada en los bienes (G-D logic)** a una **lógica dominante basada en los servicios (S-D logic)**. Desde el inicio del management en 1880 hasta 1960, las empresas se han basado en una lógica por la cual producían bienes que dirigían hacia los clientes y usuarios. El área de innovación denominó a esta forma de trabajar como el modelo de **empuje de la tecnología**. El autor Roy Rothwell en 1994 explicó este modelo lineal, según el cual las empresas seguían los siguientes pasos o fases para hacer llegar los bienes a los clientes. En primer lugar, realizaban la investigación necesaria, después realizaban el diseño y la ingeniería. En este tercer lugar, iniciaban la producción, posteriormente realizaban las actividades de *marketing* y finalmente vendían esos bienes a los clientes.

Esta forma de trabajar fue particularmente efectiva desde 1950 hasta 1960. El motivo es que como consecuencia de las guerras mundiales, la población en general estaba muy desabastecida de bienes para una vida digna. Durante esa década, las empresas empezaron a producir todo tipo de bienes que hacían llegar a las personas y a los mercados con gran facilidad, por dos motivos fundamentales. En primer lugar, las personas deseaban recibir bienes nuevos, y en segundo lugar, la competencia era muy escasa. En esa época, el *marketing* se especializó en trabajar en este entorno específico. Por ejemplo, Mc Carthy propuso en 1960 las famosas **4Ps del *marketing***, según las cuales las empresas trabajaban los aspectos relacionados con el producto, el precio, la distribución y la promoción de bienes y servicios.

Posteriormente, desde los años sesenta a los setenta empezaron a aparecer nuevas empresas y se intensificó la competencia. Esto provocó que las empresas dedicaran mayor énfasis al *marketing* estratégico, hasta tal punto que se generó un nuevo modelo de innovación denominado **tirón de la demanda**. Según este modelo, también lineal, las empresas empezaron a trabajar primero las necesidades de mercado, después el desarrollo de bienes, posteriormente la producción y finalmente las ventas.

Desde los años setenta hasta nuestros días, el gran cambio que se ha producido es una transición a una nueva lógica dominante del servicio, en la que los servicios son vistos como la parte dominante del proceso de valor. En 1968 Victor R. Fuchs publicó una obra titulada *The Service Economy*, en la que el autor ya destacaba la importancia que tendría en el futuro el crecimiento del sector servicios desde el punto de vista del empleo. Los autores

Booms y Bitner propusieron en 1981 que la disciplina del marketing debería adaptarse a esta nueva realidad incorporando **tres nuevas variables de *marketing*** más enfocadas al mundo de los servicios. Estas nuevas variables fueron los procesos, los participantes y la evidencia física.

> ⚠ **IMPORTANTE**
>
> *En las últimas décadas hemos pasado de una lógica dominante de bienes a una lógica dominante de servicios que ha provocado que disciplinas como el marketing se hayan adaptado a esta nueva realidad pasando de las 4P originales del Marketing Mix (producto, precio, promoción y distribución) a incorporar tres adicionales (personas, procesos, evidencia física).*

👁 **¡OJO!**

Debemos prestar mucha atención a las oportunidades que se generarán en el mundo de los servicios. En la actualidad, en las sociedades postindustriales los servicios constituyen el sector económico más grande y que más empleo genera.

¿En qué se diferencian los servicios de los bienes?

A veces resulta complicado distinguir qué es un bien y qué es un servicio. Los autores Lovelock y Wright definieron en 1998 los servicios como "un acto o rendimiento ofrecido por una parte a otra". El proceso podría estar vinculado a un producto físico (por ejemplo, usar un servicio de movilidad de bicicletas en ciudad), pero el rendimiento y los resultados son esencialmente intangibles. Por lo tanto, los servicios pueden considerarse actividades económicas valiosas y beneficiosas para los clientes en momentos específicos del tiempo.

Los autores Zeithhaml y Bitner propusieron en el año 2003 que los servicios pueden clasificarse en **hechos, procesos y actuaciones**. Siguiendo este planteamiento, los autores Vargo y Lusch establecieron que los servicios pueden definirse como "la aplicación de competencias especializadas (conocimientos y habilidades) a través de hechos, procesos y actuaciones en beneficio de otra entidad o la entidad por sí misma".

En general, los servicios son más difíciles de evaluar que los productos para los clientes. Esto es debido a que en los servicios hay una mayor intangibilidad y predominan los atributos de experiencia y credibilidad. Otra característica muy importante de los servicios es que los clientes generalmente están involucrados en el proceso de producción del servicio. Sucede que los clientes acaban participando activamente en la producción de un servicio que solicitan y están intrínsecamente vinculados al resultado del proceso de servicio.

Desde la llegada de internet, los desarrollos tecnológicos están apoyando las formas en que las empresas interactúan con sus clientes en esta nueva lógica centrada en el servicio. Estos avances de la tecnología están permitiendo a las empresas mejorar la comunicación y la velocidad de sus procesos.

Pongamos el caso de una persona que decide usar un sistema de alquiler público de bicicletas aparcadas en estaciones especiales como los que existen en muchas ciudades. Por los motivos que sea, prefiere hacer esto en vez de comprar una bicicleta para obtener su propiedad. Al decidir usar el sistema de alquiler de bicicletas, el usuario se tendrá que inscribir dándose de alta en una *web*. Es probable que el sistema esté diseñado de forma que el cliente en algún momento recogerá una tarjeta y se descargará una *app* en su teléfono inteligente. Posteriormente podrá operar en base a un sistema de tarifas. El cliente deberá tener en cuenta la disponibilidad de bicicletas en las distintas estaciones existentes en la ciudad. Esto lo podrá hacer comprobando y gestionando esta información directamente desde la aplicación. En este ejemplo se puede apreciar claramente que el cliente está totalmente involucrado en el proceso de producción del servicio. De hecho, si el servicio no funciona como es debido puede deberse a un problema del proveedor de servicios o puede ser consecuencia de algo que haya hecho mal el usuario en alguna de las fases del proceso. Puede ser que la bicicleta que alquilemos esté estropeada o puede ser que nos equivoquemos al usar la *app*.

En el primer caso, el error es culpa del proveedor mientras que en el segundo caso puede que sea culpa del cliente que no se maneja bien en los entornos electrónicos. En esta nueva economía, los consumidores se sienten más responsables del nivel de satisfacción o insatisfacción que obtienen, en comparación con el consumo de bienes físicos. Esto es una consecuencia directa de su participación en el acto de creación del servicio.

⚠ **IMPORTANTE**

En general, para el cliente los servicios son más difíciles de evaluar que los productos. Esto es debido a que en los servicios predominan los atributos de experiencia y credibilidad.

👁 **¡OJO!**

Los avances tecnológicos están favoreciendo el desarrollo de nuevos servicios que claramente construyen sus propuestas de valor sobre la base del acceso, la compartición, la colaboración y la necesidad bajo demanda en lugar de la propiedad.

El auge de la servitización

Los autores Kamp, Ochoa y Díaz propusieron en el año 2016 que **la servitización** suponía una manera distinta de concebir las relaciones entre proveedores de activos y sus usuarios, según la cual las empresas se basaban más en la prestación de servicios que en la entrega de bienes físicos. Según esta lógica se daba gran importancia al partenariado y la cooperación entre las partes implicadas, con el objetivo de compartir riesgos y beneficios.

Teniendo en cuenta el auge del mundo de los servicios, que tiene un papel importante en las nuevas economías, a continuación veremos algunas tipologías o categorizaciones del área de servicios basadas en varios estudios realizados por este autor.

Servicios físicos y virtuales

Los autores Sousa y Voss propusieron en un ensayo del año 2006 dos tipos de prestación de servicios, **el servicio físico y el servicio virtual**. Esta categorización tomaba como base la identificación del canal empleado para la prestación de servicios.

Los autores definieron el **servicio físico** como "la parte de una experiencia al servicio del cliente, proporcionada de forma no automatizada, lo que requiere un cierto grado de intervención humana, ya sea a través de un canal virtual o un canal físico". Por ejemplo, el servicio al cliente de un seguro de automóviles realizado por un empleado humano ante una incidencia con el vehículo en carretera.

Por lo tanto, los servicios físicos se llevan a cabo por personal de la empresa. Otro ejemplo puede ser un cajero humano de una sucursal, atendiendo nuestras necesidades bancarias. En los nuevos modelos de negocio, el personal no tiene que ser un empleado directo de la empresa. Ya hemos visto que los conductores de Uber usan sus propios automóviles y la empresa hace de mediadora entre el usuario y el conductor por medio de una plataforma tecnológica. Es importante recordar que para ser conductor de Uber en España se necesita una licencia de Vehículos de Turismo con Conductor (VTC) o unirse a una flota.

Por el contrario, los autores definieron los **servicios virtuales** como "componentes puros de información de una experiencia proporcionada de forma automatizada durante el servicio a un cliente (sin intervención humana), a través de un canal virtual dado".

La provisión de información como una dimensión de servicio al cliente constituye el objetivo principal del servicio virtual. Estos servicios se producen sin la intervención directa de los empleados. Por ejemplo, la banca electrónica o el uso de un programa de *software* como un servicio. Hace algunas décadas muchos profesionales compraban en las tiendas todo tipo de programas de *software* para desempeñar sus profesiones laborales. En la actualidad, una opción que ha crecido es el pago de forma periódica de una cuota por el uso del *software* en vez de comprar la propiedad de dicho *software*.

Servicios personales e impersonales

Otra forma de identificar los diferentes tipos de servicios puede ser mediante la interacción personal entre un empleado del servicio y el cliente. El autor Schultze explicaba en un ensayo del año 2004 que, en los **servicios personales**, la producción y el consumo de servicios están estrechamente vinculados al empleado que presta el servicio. En estos casos, según nos explicaban los autores Rust y Chung en un artículo del año 2006, la posibilidad de personalizar el servicio es muy alta debido a la interacción personal entre el cliente y el empleado y a la fluidez en el intercambio de información en el momento de la prestación de servicios.

Por lo tanto, en situaciones de servicios personales, los clientes pueden influir en el proceso y en el resultado directamente a través de la interacción con el empleado. Los autores Harris y Ogbonna encontraron en un estudio del año 2006 que el comportamiento del personal de primera línea, así como la interacción entre ellos y los clientes, es muy importante para la imagen de la empresa, en especial en el caso de un fallo en el servicio. Por medio de la intervención del personal de primera línea existen oportunidades para la recuperación del servicio, debido a que el empleado y el cliente interactúan directamente. El cliente puede mostrar su decepción en tiempo real si el nivel de servicio prestado no cumple con sus expectativas, y el empleado humano tiene la oportunidad de reaccionar y corregir la situación. Por ejemplo, algunos servicios automatizados telefónicos no permiten mostrar al cliente su descontento provocando una deficiente atención al cliente.

En la actualidad, las empresas tienden a destinar a los empleados humanos a los segmentos de clientes más rentables. Sin embargo, en los próximos años, el desarrollo de las tecnologías exponenciales y la automatización de los procesos harán que sea cada vez menos viable que una empresa ofrezca servicios personales con empleados humanos a toda su base de clientes. Esto nos llevará a una mayor presencia de **servicios impersonales.** Estos "servicios impersonales" también se conocen como autoservicio. Los servicios impersonales normalmente se realizan sustituyendo a los empleados humanos de servicio físico.

⚠ **IMPORTANTE**

Una forma sencilla para clasificar las prestaciones de servicios es dividiéndolos entre los servicios físicos y los servicios virtuales. Otra forma sencilla de categorizar los servicios es dividiéndolos entre servicios personales y servicios impersonales.

Autoservicio tecnológico

Cuando las fórmulas utilizadas para sustituir a los empleados humanos están basadas en tecnología se suele utilizar el término de **autoservicio tecnológico**. Por ejemplo, el uso de un cajero automático, un kiosco de información o el teléfono inteligente se pueden considerar usos de autoservicio tecnológico.

Sucede que cada vez es más frecuente que los clientes realicen por sí mismos gran parte del servicio. La prestación de servicios impersonales, donde una compañía combina la tecnología con los aspectos personales de la prestación de servicios, no es un fenómeno nuevo. Hace más de veinticinco años, el autor Shostack explicaba que un suministro de servicio tiene un período de tiempo durante el cual el consumidor interactúa directamente con el servicio, ya sea con un empleado humano o con la tecnología de autoservicio de la empresa. Desde entonces, los investigadores han reconocido que los proveedores de servicios con éxito deben ser capaces de combinar la tecnología con los aspectos personales de la prestación de servicios.

En los últimos años se han popularizado los **chatbots inteligentes** como Siri, Cortana, Google Now, Alexa y Sherpa. Sin embargo, estos *chatbots* llevan con nosotros bastantes años. Lind y Salomonson investigaron en su artículo del año 2006 el caso del asistente virtual "Anna" de Ikea. Este asistente es considerado como uno de los primeros que se utilizó en el mundo del *retail* para uso comercial. Los autores concluyeron que los asistentes virtuales ayudaban al comprador en la navegación del sitio *web* de la compañía. Han pasado más de diez años desde la llegada de estos primeros asistentes. En la actualidad, los asistentes virtuales de hoy en día son mucho más proactivos y están adquiriendo capacidades predictivas sobre los gustos e intenciones de los usuarios. Esto está provocando un intenso debate sobre temas relacionados con la privacidad y la confidencialidad, ya que han entrado de lleno en nuestras vidas.

⚠ **IMPORTANTE**

Cada vez más empresas están utilizando fórmulas impersonales de autoservicio tecnológico para sustituir a los empleados humanos por máquinas que los usuarios utilizarán por sí mismos.

> **👁 ¡OJO!**
>
> La tendencia a sustituir empleados humanos por máquinas lleva décadas avanzando de forma imparable. Se trata de tecnologías como los cajeros automáticos, los kioskos de información o los sistemas de autopago (mejor conocido como *self-checkout*). Uno de los motivos principales es que estas tecnologías ahorran costes.

Servicios inteligentes

En un estudio del año 2017 del Instituto Global Mckinsey titulado *Artificial intelligence: The next digital frontier?*, los autores analizaban las seis áreas en el campo de la inteligencia artificial que han tenido mayores inversiones reales corporativas en el último año. Estas áreas por orden de importancia son: el aprendizaje automático, la visión computerizada, el procesamiento del lenguaje natural, los vehículos autónomos, la robótica avanzada y los asistentes virtuales.

Los servicios proporcionados por **sistemas inteligentes** (ej. robots inteligentes, asistentes inteligentes, etc.) serán útiles en los casos en los que el cliente prefiere ser atendido por una máquina inteligente, y haya un claro valor añadido para el uso de esta tecnología. La propuesta de valor para la empresa que proporcione servicios con estas tecnologías inteligentes se basa en la productividad, la reducción de los costes y el aumento de las ventas con técnicas como el *up-selling* o *cross-selling*. El *up-selling* es una técnica de venta por la cual la empresa intenta inducir al cliente a comprar productos más caros, actualizaciones, etc., en un intento por aumentar el negocio. El *cross-selling*, también conocido como "venta cruzada", es una técnica por la cual la empresa intenta inducir al cliente a comprar productos complementarios a los que consume, de nuevo en un intento por aumentar el negocio. Estos sistemas inteligentes pueden ser reactivos o proactivos, y pueden centrarse en tareas específicas o en multitareas.

⚠ **IMPORTANTE**

La inteligencia artificial permitirá aumentar la eficiencia en los procesos, mejorar la toma de decisiones y automatizar más tareas. En el medio y largo plazo, la inteligencia artificial permitirá aumentar las ventas de productos y servicios, así como descubrir oportunidades de negocios.

👁 **¡OJO!**

La inteligencia artificial tendrá un gran impacto en la economía, por lo que debemos seguir muy de cerca su desarrollo y evolución.

Once ejemplos reales para introducirnos en las nuevas economías

En esta época de cambios acelerados, en ocasiones la práctica va por delante de la teoría. Los emprendedores y empresarios crean nuevos modelos de negocio que no encajan en las definiciones ni en los marcos conceptuales existentes. Es por este motivo que este autor considera imprescindible iniciar el método DIANA desde la práctica, con casos reales de negocios que en su día supusieron una disrupción y que han ayudado a construir nuevas teorías.

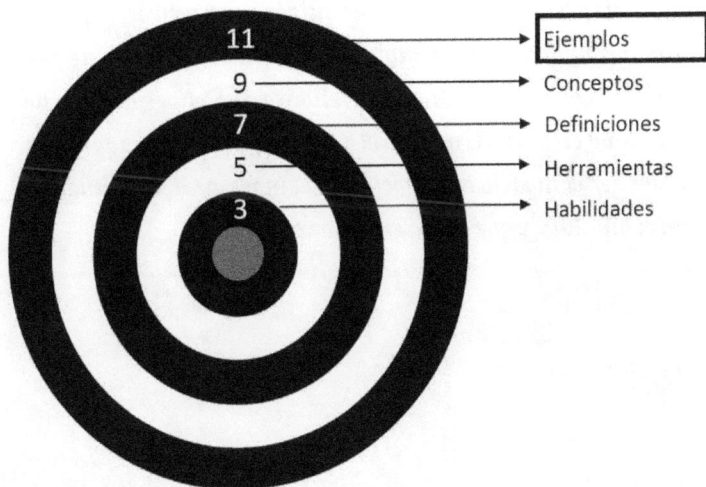

* Descripción visual de la metodología DIANA. Ejemplos.

Un reto ha sido elegir las once empresas que se describen en este libro, debido a la gran cantidad de ellas que han surgido en los últimos 25 años. Sin embargo, a partir de la experiencia de este autor, las once empresas elegidas ayudarán a explicar las definiciones, conceptos, habilidades y herramientas que se trabajarán a lo largo del libro. Las empresas están ordenadas según su año de fundación para que el lector pueda percibir también cómo ha sido la evolución de este tipo de empresas a lo largo del tiempo. Las empresas o proyectos seleccionados son: Amazon (1994), Ebay (1995), Netflix (1997), Wikipedia (2001), Just Eat (2001), Spotify (2006), BlaBlaCar (2006), Airbnb (2008), Kickstarter (2008), Uber (2009) y Fiverr (2010).

⚠ **IMPORTANTE**

Las once empresas o proyectos seleccionados para introducirnos en las nuevas economías ayudarán al lector a entender otras empresas y proyectos, que quizás operen en otros países y sean similares. Por ejemplo, la revisión de Just Eat que fue fundada en el año 2001 es competidora de Deliveroo, que fue fundada en Reino Unido en el año 2013, y puede ayudarnos a entender el modelo de negocio de la empresa Glovo, fundada en el año 2015 y que opera en España.

Amazon (1994)

Jeff Bezos fundó Amazon en el año 1994 en el estado de Washington. Esta empresa fue pionera en la **venta de bienes a través de internet**. Amazon empezó como una librería en línea. En el año 2018 Amazon batió a Apple y Google como la marca más valiosa del mundo alcanzando la cifra de 150 800 millones de dólares. El gigante del comercio electrónico registró un crecimiento anual del 42%. Con relación a los ingresos globales por segmento, el 61% procede de tiendas electrónicas, el 18% de servicios de *retail* a terceros, el 10% de Amazon Web Services, el 5% servicios de subscripción, el 3% de tiendas físicas y otro 3% de otros. Amazon ganó tres mil millones de dólares a lo largo de 2017, un 20% más que el año anterior.

La filosofía que ha llevado a Amazon a ser una de las empresas más importantes del mundo ha sido ofrecer un gran catálogo y una buena experiencia de cliente. Una de sus frases es: "Si quieres algo, Amazon lo tiene. Además, te lo hará llegar rápido". Para ello, la logística y los procesos de negocio han sido fundamentales. Amazon tiene más de 30 tiendas diferentes, 285 millones de clientes, 132 millones de referencias físicas y 35 millones de referencias digitales. En España, Amazon lidera el comercio electrónico, por delante de eBay y El Corte Inglés.

Amazon fue una de las empresas que mejor entendió el cambio que se iba a producir en el mundo del retail. Hace 25 años, los clientes no dudaban en ir físicamente a las tiendas de retail para hacer sus compras. Amazon fue pionera en el comercio electrónico y aprovechó el crecimiento del internet móvil, que ha permitido hacer prácticamente cualquier compra a golpe de click.

eBay (1994)

Pierre Omidyar fundó eBay en el año 1995 en San José, California. Esta empresa fue una de las pioneras en proponer un **Marketplace** para el **comercio electrónico**. Inicialmente, Omidyar incorporó un sencillo servicio de subastas en línea en una de sus páginas *web* llamada AuctionWeb. Posteriormente nacería eBay. Durante sus primeros años la casa de subastas en línea disfrutó prácticamente de un monopolio virtual ya que no existían propuestas parecidas. La idea era que un vendedor ponía un precio y una duración a un bien. Los compradores pujaban por el bien en un formato de subasta. En la actualidad, eBay cuenta con 1100 millones de anuncios. De esta cantidad, el 80% son productos nuevos y el 87% son comercializados por marcas y vendedores profesionales.

Ebay indicaba a principios del año 2018 que había crecido en clientes activos un 5%, alcanzando los 170 millones. Con relación a los resultados financieros reportó unas ventas de 2600 millones de dólares. El eslogan de eBay era: "Lo que sea, lo puedes conseguir en eBay". Una de las ideas clave que propició el éxito de eBay fue ofrecer un método muy fácil de usar, que permitía a los usuarios realizar sus compras por su cuenta a través de un ordenador y una tarjeta de crédito.

> ⚠ **IMPORTANTE**
>
> *eBay fue una de las empresas pioneras en ofrecer un Marketplace para el comercio electrónico. En este caso, una casa de subastas en línea. Este formato ha influido en la modalidad del concepto de intermediario para la compra, venta e intercambio de bienes en el mundo en línea.*

Netflix (1997)

Reed Hasting y Marc Randolph fundaron Netflix en California en el año 1997. Existen varias historias sobre las motivaciones para montar la empresa; sin embargo, Randolph explicaba en un libro del año 2012 que la idea original era crear un negocio de comercio electrónico y acabaron eligiendo el DVD como producto principal. En un principio, la empresa funcionaba como un videoclub en el que los **clientes suscriptores** elegían películas por medio de una **plataforma electrónica.** Los clientes recibían estas películas de forma física por correo postal. Después las devolvían en un sobre con los portes pagados.

El gran salto llegó con el servicio de visualización vía *streaming*, que supuso la distribución digital de los contenidos multimedia por medio de una red de ordenadores. En la actualidad, Netflix ofrece distintos **tipos de suscripción** con diferentes precios y servicios, cubriendo varios segmentos de clientes objetivos.

Netflix ganó en 2017 un total de 559 millones de dólares, creciendo un 200% más que en 2016. Asimismo, alcanzó los 117 millones de usuarios en todo el mundo (62,8 millones en EEUU y 54,7 en el resto del mundo), de los que 110,64 millones eran suscriptores. En la actualidad existe una gran batalla por tener la oferta de *streaming* más completa entre Netflix, HBO, Sky y Amazon.

⚠ **IMPORTANTE**

Netflix fue una de las empresas pioneras en ofrecer sus servicios por suscripción utilizando plataformas electrónicas. En la actualidad están aprovechando las grandes oportunidades que ofrece la distribución digital vía streaming.

Wikipedia (2001)

Jimmy Wales y Larry Sanger fundaron Wikipedia en el año 2001. Un año antes, Wales había creado Nupedia, que era un proyecto enciclopédico que utilizaba un proceso de revisión por pares. Para agilizar el desarrollo de Nupedia se creó un proyecto para la creación de artículos de forma paralela antes de ser revisados por expertos. Este proyecto resultó ser tan ágil que terminó convirtiéndose en lo que hoy conocemos como Wikipedia, y que acabó eclipsando a Nupedia.

Wikipedia es una enciclopedia libre, políglota y **editada de forma colaborativa.** La Fundación Wikimedia es la que gestiona Wikipedia y su financiación se apoya en donaciones. Wikipedia posee más de 46 millones de artículos en 288 idiomas, que suman más de 2000 millones de ediciones accesibles y editables por personas con acceso al proyecto.

Una de las características de Wikipedia es la puesta en común de los esfuerzos de diseño individuales y colectivos para el uso y disfrute de cualquiera. Implica el involucramiento de contribuidores que comparten sus trabajos de generación, diseño y también los resultados de sus esfuerzos individuales y colectivos para el uso de cualquier persona. Supone abrir la innovación de forma colaborativa y se conoce como **innovación abierta colaborativa.**

⚠ **IMPORTANTE**

Wikipedia fue una de las empresas pioneras en utilizar plataformas electrónicas para la puesta en común de los esfuerzos de diseño individuales y colectivos para el uso y disfrute de cualquiera. Esto se conoce como innovación abierta colaborativa.

Just Eat (2001)

Jesper Buch fundó Just Eat en Dinamarca en el año 2000. Just Eat es una empresa de servicios dedicada a la **distribución de comida** para llevar a domicilio utilizando plataformas tecnológicas. Just Eat actúa como **intermediario** entre los bares o restaurantes y los clientes. Sus fuentes de ingresos se obtienen de comisiones por servicios más gastos de gestión por cada entrega. En España se conocía esta empresa como el eBay de la comida. Otra empresa pionera en distribución de comida es Takeaway fundada por Jitse Groen en 1999 en Amsterdam.

Just Eat está presente en unos trece mercados y cuenta con unos 7000 restaurantes adheridos a la plataforma tecnológica. Sin embargo, Just Eat declaró unas pérdidas de 115 millones de euros en el ejercicio de 2017. Desde el año 2010 la competencia se ha intensificado significativamente con empresas como Delivery Hero (2011), Hello Fresh (2011), Instacart (2012), Blue Apron (2012) y Deliveroo (2012). De hecho, la proliferación de plataformas especializadas en la gestión y reparto de comida se ha intensificado estos últimos años, sobre todo por el crecimiento de los dispositivos móviles que han influido en los cambios de hábitos de consumo de los usuarios. En España Just Eat compró La Nevera Roja en el año 2015 por 94 millones de euros. Empresas de distribución como Deliveroo y Globo también compiten en este segmento en España.

Just Eat fue una de las compañías pioneras en utilizar plataformas electrónicas para la distribución de comida para entregas a domicilio. Just Eat fue una de las primeras empresas en actuar como intermediario entre los bares o restaurantes y los clientes.

Spotify (2006)

Daniel Ek y Martin Lorentzon fundaron Spotify en 2006 en Suecia. Spotify, al igual que Netflix, también se apoya en el *streaming* para la reproducción de música utilizando **plataformas electrónicas**. El proyecto surge de la pasión de sus fundadores por la informática y la música. Desde el año 2006 al año 2008, el proyecto se centró en cerrar negociaciones con las compañías discográficas. La idea original era que esta aplicación permitiese escuchar música *online* en el ordenador. Su modelo era por invitación, y una vez dentro de la plataforma podían escuchar millones de canciones. En el año 2009 Spotify ofreció la *app* móvil para los teléfonos inteligentes, creando una modalidad *premium* junto a la gratuita y la *unlimited*. Desde el año 2011, la plataforma permite albergar aplicaciones de terceros.

Spotify registró unas pérdidas de 1235 millones de dólares en 2017, frente a los 539 millones de pérdidas que registró la empresa un año antes. En el año 2018 Spotify protagonizó una exitosa salida a bolsa, convirtiéndose en la empresa digital europea más valiosa, con una capitalización bursátil de 31 600 millones de dólares. En julio de 2018, Spotify alcanzaba los 83 millones de usuarios de pago, duplicando en cantidad a los de su competidor Apple Music.

> ⚠ **IMPORTANTE**
>
> *Spotify fue una de las empresas pioneras en ofrecer la reproducción de música vía streaming utilizando plataformas electrónicas. Asimismo, fue veloz adaptando sus servicios al mundo de los teléfonos inteligentes, que ha crecido con fuerza.*

BlaBlaCar (2006)

Frédéric Mazzella y Nicolas Brusson fundaron BlaBla-Car en París (Francia) en el año 2006. BlaBlaCar es una empresa que, por medio de una **plataforma electrónica,** pone en contacto a personas que quieran **desplazarse al mismo lugar y puedan organizarse para viajar juntas.** De esta manera, el servicio permite compartir los gastos del viaje como combustible, peajes, etc., y también evitar la emisión nociva de gases de efecto invernadero, al facilitar una mayor eficiencia energética en el uso de cada vehículo. En sus inicios la empresa no cobraba comisión, aunque después incorporó una comisión en concepto de gastos de gestión entre 0,50 € y 5 €.

A diferencia de empresas como Uber o Cabify, Blabla-Car no usa conductores profesionales. Por ello ha sido mencionada en multitud de ocasiones como un ejemplo de **economía colaborativa o compartida**. La empresa ha defendido que es una **red social** y que no actúa como empresa de transporte. En este tipo de modelos, **la confianza** –en este caso entre el conductor y los pasajeros– resulta fundamental. En el año 2018, BlaBlaCar remodelaba su aplicación para aumentar la base de clientes, permitiendo a los pasajeros que puedan seleccionar tanto el punto exacto de salida como el punto concreto de llegada. BlaBlaCar está presente en más de quince países con más de sesenta millones de usuarios, de los cuales cinco se encuentran en España.

> ⚠ **IMPORTANTE**
>
> *BlaBlaCar supo aprovechar las ventajas de las redes sociales para desarrollar una solución basada en la economía colaborativa o compartida, por la cual conductores que van a hacer un trayecto ofrecen plazas a personas que quieran hacer el mismo trayecto.*

AirBnB (2008)

Brian Chesky, Joe Gebbia y Nathan Blecharczyk fundaron Airbnb en San Francisco, California, en el año 2008. Ainbnb es una empresa que, por medio de una **plataforma electrónica**, pone en contacto a personas que quieren **ofrecer sus viviendas en alquiler** con posibles huéspedes que buscan alojamientos temporales. El proceso de reserva es similar al de un hotel a través de la *web*, con la diferencia de que son residencias particulares. Airbnb cobra una **comisión** al anfitrión y al huésped por su labor de **intermediación** por cada reserva. La reputación es fundamental en la comunidad de Airbnb.

Airbnb empezó a ser rentable en el año 2017, generando 100 millones de dólares de beneficio. Ese año las reservas de la plataforma crecieron un 150%. Airbnb está presente en 191 países y 65 000 ciudades de todo el mundo. La firma Morningstar Equity Research estimaba para Airbnb en el año 2018 un valor en el mercado de entre 53 000 y 65 000 millones de dólares. Se prevé una salida a bolsa de la empresa para antes del año 2020. Un tema clave para el desarrollo de la compañía durante los próximos años está relacionado con los requisitos legales de las distintas zonas del mundo. Dentro del sector encontramos empresas como HomeAway, que es subsidiaria de Expedia Group.

⚠ **IMPORTANTE**

Airbnb supo aprovechar los cambios sociales y de hábitos que se empezaron a dar desde el inicio de la crisis financiera global del 2008. El concepto no era nuevo, pero la empresa supo construir un modelo de negocio con el uso de una plataforma electrónica, permitiendo a los dueños de espacios infrautilizados ofrecerlos a viajeros.

Kickstarter (2008)

Perry Chen, Yancey Strickler y Charles Adler fundaron Kickstarter en Brooklyn, Nueva York, en el año 2008. Kickstarter utiliza una **plataforma electrónica** para el **micromecenazgo** de proyectos creativos como arte, diseño, danza, moda, cine y vídeo, comida, juegos, música, fotografía, periodismo, editoriales, tecnología y teatro, entre otros. El **micromecenazgo** también se conoce como *crowdfunding* o **financiación colectiva**, y podemos resumirlo como un mecanismo colaborativo de financiación de proyectos. Kickstarter facilita la captación de recursos monetarios del público general en un modelo también conocido como "financiación en masa". La empresa cambió los estatutos legales en el año 2015 para pasar a ser una **corporación de beneficio público**, lo que le obliga a perseguir que su actividad tenga un impacto positivo en la sociedad.

En 2017, Kickstarter gestionó 7033 proyectos, de los cuales 2997 fueron financiados satisfactoriamente. Las campañas de micromecenazgo consiguieron recaudar 163 millones de dólares. El mercado de las plataformas electrónicas de micromecenazgo es amplio y no para de crecer. Entre las más conocidas encontramos, junto a Kickstarter, otras como Indiegogo, Ulele, Verkami o Lanzanos.

Uber (2009)

Garrett Camp y Travis Kalanik fundaron Uber en San Francisco, California, en el año 2009. Uber es una empresa que utiliza **plataformas electrónicas** para proporcionar a los usuarios diversos servicios relacionados con la movilidad o la entrega de comida. En la actualidad, Uber está trabajando para ampliar sus servicios en otras áreas como la movilidad relacionada con la salud o las tecnologías exponenciales para el uso de los futuros vehículos autónomos y semiautónomos. El impacto del modelo de Uber ha sido tan grande que es frecuente encontrar el término "uberización". Una característica de la **uberización** es que fomenta poner al alcance de cualquiera, y no únicamente de los profesionales del sector, la prestación de un servicio determinado. La uberización de la economía ha abierto un gran debate en la sociedad. Una línea de pensamiento considera que supone una gran revolución en la forma en la que se ofrecen los servicios. Otra corriente de pensamiento considera que fomenta la precarización salarial y los contratos basura.

Uber perdió 4500 millones de dólares en 2017. En la última ronda de financiación de la compañía, a finales del año 2017, Uber recibió una valoración de 54 000 millones de dólares. La compañía opera en más de setenta países. Otras empresas del sector son Didi Chuxing, Grab y Lyft. En España, Cabify, Car2go o Lime ofrecen servicios de movilidad, pero con modelos de negocio diferentes.

> ⚠️ **IMPORTANTE**
>
> *Uber fue la empresa que supo capturar la revolución que se avecinaba en el sector de la movilidad, aprovechando las nuevas tecnologías y los cambios sociales y de hábitos que ya mencionamos en el capítulo de Airbnb.*

Fiverr (2010)

Shai Wininger y Micha Kaufman fundaron Fiverr en Tel Aviv, (Israel). Fiverr utiliza plataformas electrónicas para que profesionales autónomos puedan trabajar por encargo ciertos servicios a clientes en todo el mundo. La idea original era proporcionar una **plataforma P2P** (*Peer-to-Peer*) para que las personas pudieran comprar y vender una variedad de servicios digitales que suelen ofrecer los contratistas independientes. El modelo de negocio de Fiverr encaja con ciertos aspectos de la **economía *gig***, también llamada "**economía de los pequeños encargos**". **La economía *gig*** se puede definir como una fuerza laboral basada en proyectos únicos o tareas en las que un trabajador es contratado por medio de una plataforma tecnológica para trabajar bajo demanda. En la economía *gig* operan empresas ya mencionadas como Uber y Airbnb, junto con otras más especializadas como Etsy, Upwork, TaskRabbit, Handy, Thumbtack o MTurk (Amazon Mechanical Turk). De igual forma que sucede con el término "uberización", la economía *gig* ofrece ventajas e inconvenientes. Entre las ventajas tenemos una gran flexibilidad. El inconveniente principal es el riesgo de precarización laboral. Se estima que en Estados Unidos 55 millones de personas, un 35% de la fuerza laboral, son trabajadores *gig*. Las previsiones son que para el año 2020 crezca hasta el 43%.

⚠ **IMPORTANTE**

Fiverr fue una de las empresas que supo aprovechar las posibilidades que ofrecían las plataformas tecnológicas para la economía gig o "economía de los pequeños encargos", donde el trabajador es contratado bajo demanda.

¿Qué hemos aprendido de estos once ejemplos?

Podemos extraer una serie de aprendizajes –o como dirían en el mundo anglosajón, *"takeaways"*–, de los once ejemplos que hemos revisado en relación a las nuevas economías:

1. Todos los ejemplos se han apoyado en el uso de **plataformas tecnológicas**, sin las cuales no habría sido posible desarrollar sus modelos de negocio.
2. Cuando internet llegó a la sociedad en la década de los noventa, las primeras empresas estaban enfocadas en desarrollar soluciones para el mundo de los **ordenadores personales** (Amazon, eBay). Una década más tarde, las empresas empezarían a desarrollar soluciones teniendo muy en cuenta el mundo de los **teléfonos inteligentes** (Airbnb, Uber). Recordemos que Apple introdujo el iPhone en el mercado en el año 2007.
3. Mientras que algunas empresas nacieron con un ADN muy centrado en construir modelos de negocio que acabaran ganando dinero (Amazon, Netflix), otras empresas nacieron con un ADN para generar soluciones que aportasen **beneficios sociales** (Wikipedia, BlaBlaCar, Kickstarter).
4. Algunas de las empresas revisadas acumulan grandes pérdidas durante varios años y, sin embargo, alcanzan valoraciones millonarias por las expectativas de

negocio que ofrecen sus modelos desde el punto de vista de la **escalabildad** (Amazon, Spotify, Airbnb, Uber).

5. Las empresas más antiguas revisadas en el capítulo anterior se basaban en tener un papel activo en la lógica del **comercio electrónico** (Amazon, Netflix), mientras que las empresas más recientes incorporaron la idea de crear un *Marketplace* para que las relaciones económicas fluyesen (eBay, Just Eat, Airbnb, Uber, BlaBlaCar).

6. Los proyectos más recientes están evolucionando la idea del *Marketplace* para conectar la oferta y la demanda con todo tipo de servicios como, por ejemplo, **los pequeños encargos dentro de la economía** *gig* (Fiverr).

Nueve conceptos fundamentales para navegar en las nuevas economías

Después de haber revisado once casos de empresas y proyectos emprendedores, vamos a continuar el método DIANA revisando nueve conceptos que ayudarán al lector a entender mejor las nuevas economías. Estos nueve conceptos han sido seleccionados por su impacto y relevancia de entre más de cien, a partir de la experiencia profesional del autor del libro. Estos conceptos no siguen ningún orden especial, y son los siguientes: destrucción creativa, modelo de negocio, innovación disruptiva, redes de innovadores, innovación abierta, sostenibilidad, plataformas tecnológicas, larga estela y colaboración masiva.

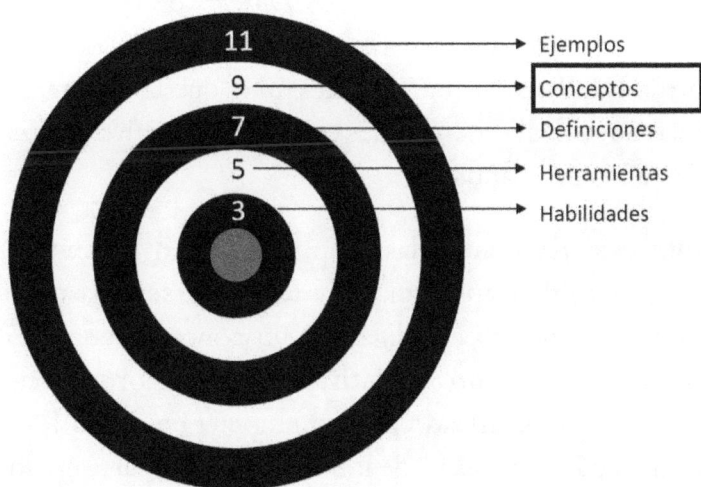

Destrucción creativa

Algunas previsiones apuntan a que en el plazo de diez años, un 40% de las empresas de la lista de *Fortune 500* desaparecerán. Pero lo más sorprendente es que ocho de cada diez ejecutivos aún lo ignora. Esta es la magnitud de la destrucción de empresas y la aceleración del cambio que vamos a ver. Al mismo tiempo surgirán muchas empresas nuevas que liderarán los *rankings* de innovación. Nathalie Gianese, directora de Estudios y Calidad de Informa D&B, explicaba hace tres años que la vida media de las sociedades mercantiles españolas en activo era cercana a los doce años.

Ante este panorama, las empresas deben aprender a ser capaces de transformarse y reinventarse cada cierto tiempo. El motivo está ligado a un concepto conocido como **destrucción creativa**, ideado por Werner Sombart y popularizado por Schumpeter en el año 1942, según el cual el proceso de innovación que ocurre en una economía de mercado provoca que los nuevos productos destruyan las viejas empresas y modelos de negocio. Son muchos los autores que han construido argumentos alrededor de esta idea, según la cual las organizaciones o innovan y se transforman, o terminan desapareciendo. El autor Peter Drucker escribía hace más de 35 años que debemos aprender cómo conseguir que las empresas existentes sean capaces de innovar descuidando de forma sistemática el ayer. Para ello, es fundamental que las empresas cuenten también con personas capaces de imaginar y diseñar el futuro.

La **destrucción creativa** supone el hecho esencial del capitalismo. Los empresarios buscan continuamente maneras mejores de satisfacer su base de clientes y consumidores con unos productos y servicios de mejor calidad, durabilidad, servicio y precio. Esto se materializa en la innovación con tecnologías avanzadas y estrategias organizacionales. Sin embargo, como podemos extraer de los ejemplos revisados en este libro, ya no hablamos únicamente de empresarios y clientes, sino que en las nuevas economías cobran gran valor los mercados virtuales en los que se conectan personas que buscan intercambiar bienes y servicios entre ellos.

El **cambio acelerado** es el incremento en la tasa de progreso tecnológico que producirá cambios más rápidos y profundos en el futuro. Gordon E. Moore señaló en 1965 que cada dos años se duplica el número de transistores en un microprocesador. Raymond Kurzweil propuso en 2001 la ley de rendimientos acelerados para describir un crecimiento exponencial del progreso tecnológico. Estos autores nos alertan de que cada vez se van a producir más cambios y a una mayor velocidad. Es decir, que en el futuro cada vez veremos nuevas disrupciones como las vividas en las últimas dos décadas por empresas como Amazon, Airbnb o Uber.

⚠ **IMPORTANTE**

La destrucción creativa es el hecho esencial del capitalismo, según el cual el proceso de innovación que ocurre en una economía de mercado provoca que los nuevos productos destruyan las viejas empresas y modelos de negocio.

👁 **¡OJO!**

Las disrupciones que las nuevas empresas están provocando en todo tipo de industrias se van a intensificar y a acelerar. Es mejor adaptarse a esta realidad que luchar contra ella.

Modelo de negocio

En la mayoría de los ejemplos prácticos revisados en este libro se menciona el concepto de modelo de negocio. Los modelos de negocios resultan fundamentales en las nuevas economías. Un **modelo de negocio** describe como una empresa crea, entrega y captura valor. Los modelos de negocio han evolucionado desde mediados del siglo XX. Podemos destacar los modelos de negocio de McDonald´s y Toyota en los cincuenta, Wal-Mart en los sesenta, FedEx y Toys R Us en los setenta, Intel y Dell en los ochenta, Netflix, Amazon, eBay y Starbucks en los noventa, Uber y Airbnb en la década del 2000. El concepto de modelos de negocio experimenta una gran difusión en 2004 con el lienzo de modelo de negocio del autor Alexander Osterwalder. Esta herramienta visual de nueve cajas permite diseñar modelos de negocio describiendo los elementos clave de la infraestructura, la oferta, los clientes, las finanzas y los recursos. En el capítulo de herramientas analizaremos con mayor detalle una versión del lienzo de modelos de negocio que incorpora dimensiones relacionadas con la sostenibilidad.

El caso de Airbnb ha sido analizado por Joseph B. Lassiter III y Evan Richardson de la Harvard Business School, quienes explican los factores e hitos que fueron fundamentales en el éxito de esta empresa fundada en 2008. El modelo de negocio de Airbnb se apoya en la personalización de los servicios por medio de la utilización de la tecnología. Esto permite a los usuarios encontrar por ellos mismos, sin intermediación de otros empleados, espacios únicos de gente como ellos a precios más competitivos. Su gran éxito se debe en parte a que el modelo de negocio tiene un grandísimo potencial de escalabilidad, ya que su propuesta de valor es aplicable a nivel mundial. Un tema que se desconoce es que en sus inicios el mercado no acababa de responder bien al modelo de negocio de Airbnb. Sus fundadores estuvieron a punto de tirar la toalla en el año 2009. Apoyados por mentores mejoraron diversas áreas, tanto de los *hosts* como de la experiencia de usuario de los viajeros, lo que les supuso un gran impulso en su modelo de negocio.

Un modelo de negocio describe cómo una empresa crea, entrega y captura valor. Este concepto experimenta una gran difusión con el lienzo de modelo de negocio de Alexander Osterwalder y versiones evolucionadas que veremos más adelante.

👁 ¡OJO!

Sin embargo, no debemos minusvalorar la dificultad que tiene realizar buenos modelos de negocio. El motivo principal es que un buen modelo de negocio es complejo, ya que toca todas las áreas clave de la empresa, tanto internas como externas.

Innovación disruptiva

El concepto de **innovación disruptiva** fue propuesto por Clayton M. Christensen, profesor de la Harvard Business School, en su libro *The Innovator's Dilemma*, publicado en 1997. Este tipo de innovación se caracteriza por crear un nuevo mercado al proporcionar un conjunto de valores que, en última instancia y, de forma inesperada acaba superando a un mercado existente. Christensen también distingue entre las innovaciones disruptivas de bajas prestaciones y las innovaciones disruptivas de nuevos mercados. Las primeras se dirigen a clientes menos exigentes y con menor poder adquisitivo. Las segundas se dirigen a clientes con ciertas necesidades que no están siendo atendidas por las empresas existentes.

En los distintos ejemplos que hemos revisado en este libro es muy probable que tengamos una mezcla de ambas situaciones. Por ejemplo, es posible que en el mundo de la movilidad algunos clientes opten por usar un taxi convencional, mientras que otros quizás prefieran usar los servicios de un vehículo conducido por un conductor profesional como los proporcionados por la empresa Uber. Puede que a otros clientes les sea suficiente elegir un servicio mucho más sencillo, pero que les resuelva la necesidad de movilidad en ese momento. Por ejemplo, el uso de los patinetes eléctricos Lime, una empresa constituida con capital de Alphabet, la propietaria de Google, y Uber.

Las tecnologías disruptivas, según Christensen, son tecnologías que pueden ir desplazando paulatinamente a las soluciones establecidas. Un ejemplo en el mundo de los productos tecnológicos es el móvil 1100 de Nokia, que inicialmente iba dirigido a países emergentes y que acabó siendo el teléfono más vendido de la historia. Dentro de las empresas que hemos revisado en este libro resulta interesante el caso de Wikipedia. Antes de existir esta enciclopedia libre, políglota y editada de forma colaborativa, los usuarios iban a las bibliotecas y algunos de ellos incluso compraban enciclopedias físicas de gran coste como la Enciclopedia Británica o la Espasa Calpe. En la actualidad, Wikipedia ha desplazado a estas soluciones. En una noticia de hace cuatro años ya se indicaba que las ventas de diccionarios y enciclopedias en España había caído un 70% desde el año 2008. Se señalaba que el sector editorial estaba inmerso en un complejo proceso de redefinición para adaptarse a la revolución digital.

La innovación disruptiva es un tipo de innovación que se caracteriza por crear un nuevo mercado, al proporcionar un conjunto de valores que en última instancia y de forma inesperada acaba superando a un mercado existente. El caso del colapso de las enciclopedias clásicas es ilustrativo del poder disruptivo que tiene este tipo de innovación.

👁 ¡OJO!

Es importante distinguir entre las innovaciones disruptivas que se dirigen a clientes menos exigentes y con menor poder adquisitivo y las segundas, que se dirigen a clientes con ciertas necesidades que no están siendo atendidas por las soluciones existentes.

Redes de innovadores

En las últimas décadas hemos asistido a un desarrollo de **las redes de innovadores**. Walter W. Powel y Stine Grodal de la Universidad de Stanford publicaron en 2006 un artículo explicando este fenómeno. Los autores analizaban la creciente importancia de las redes en los procesos de innovación y proponían un modelo de cuatro tipologías de redes. La red "primordial" se compone de personas similares que comparten identidad social trabajando conjuntamente en comunidad. La red "colegios invisibles" es fluida, informal y creativa e integra personas de los sectores público, privado y educativo. La red "cadena de valor" existe para producir siendo cerrada y contractual. La cuarta es la red "estratégica", que incluye todo tipo de personas y organizaciones que buscan crear relaciones.

Dentro de las cuatro categorías de las redes de innovadores aparecen dos conceptos que son relevantes para este libro. El primer concepto es la **cadena de valor**. El profesor Michael Porter propuso en 1985 este concepto para describir el conjunto de actividades que una empresa debe realizar para entregar un producto/servicio al mercado. A nivel empresarial la cadena de valor se aplica a una unidad de negocio y se divide en dos bloques. Las actividades primarias definen el proceso productivo de la empresa y garantizan la logística interna, las operaciones, la distribución, el *marketing*, las ventas, y el servicio postventa. Las actividades secundarias sirven de apoyo a las primarias e incluyen el aprovisionamiento, el desarrollo de la tecnología, la gestión de personas y la infraestructura.

El segundo concepto surge de la relación entre los sectores público, privado y educativo, y se denomina **triple hélice**. Algunos autores, como Etzkowitz y Leydesdorff, han investigado la relevancia de este concepto, que explora las relaciones recíprocas que se producen entre los sectores educativo, privado y público. La triple hélice busca que estos tres ámbitos dejen de trabajar de manera independiente y pasen a interactuar entre sí, generando una espiral virtuosa. El sector educativo proporcionaría investigación y formación, el sector privado transformaría el conocimiento en bienes y servicios para el mercado y el sector público proporcionaría el marco legislativo y apoyo financiero en el proceso de la innovación.

Innovación abierta

La **innovación abierta** es un concepto promovido por el profesor Henry Chesbrough, que propone el uso intensivo del conocimiento, tanto interno como externo, con el objetivo de acelerar la innovación interna y expandir los mercados para el uso externo de la innovación. Tradicionalmente, las empresas han gestionado esta cuestión de forma cerrada con el uso exclusivo del conocimiento y medios propios. Según la innovación abierta, los proyectos de investigación pueden iniciarse desde dentro o desde fuera de la empresa, pueden entrar o salir en fases intermedias y alcanzar el mercado por los canales de *marketing* y ventas propios, o por otras vías como licencias de explotación o escisiones.

El emprendedor en serie y académico de Silicon Valley Steve Blank explicaba recientemente que estamos en un punto de la evolución de la innovación que se caracteriza por la aparición de los **centros de innovación**. Se trata de incubadoras aceleradoras corporativas que trabajan con una mentalidad de innovación abierta, con el objetivo de alcanzar esa innovación que de otra manera no sería posible. Según un estudio reciente de Capgemini, estos centros corporativos incuban y aceleran *startups* internas y externas para innovar en productos y servicios, desarrollar tecnologías, trabajar la función de laboratorios internos de innovación y para crear ecosistemas que nutran la innovación abierta. Con relación a los objetivos de las empresas a la hora de desarrollar centros de innovación, encontramos la asociación con ecosistemas y la innovación de productos y el desarrollo de conceptos. En la actualidad, la mayoría de los centros de innovación funcionan como aceleradoras de *startups* para fomentar el desarrollo de tecnologías, y como laboratorios internos de innovación de las empresas.

Un término relacionado es la **innovación abierta colaborativa**, que hemos mencionado anteriormente analizando el caso de Wikipedia. Otro ejemplo que encajaría en esta lógica sería Linux. Según un ensayo del año 2011, la innovación abierta colaborativa se caracteriza por la puesta en común de los esfuerzos de diseño individuales y colectivos para el uso y disfrute de cualquiera. De esta forma fomenta una economía basada en el bien común, que no es excluyente y cuyo fin no es el de la rivalidad.

⚠ **IMPORTANTE**

La forma de trabajar la innovación en el mundo empresarial ha cambiado en las últimas décadas. Tradicionalmente, las empresas abordaban la innovación de forma cerrada con el uso del conocimiento y medios propios. En la última década hemos asistido al auge de la innovación abierta según la cual los proyectos de investigación pueden iniciarse desde dentro o desde fuera de la empresa, pueden entrar o salir en fases intermedias y pueden alcanzar el mercado por los canales de marketing y ventas propios, o bien por otras vías como licencias de explotación o escisiones.

◉ **¡OJO!**

Las empresas y los emprendedores están apostando de forma decidida por montar o conectarse a centros de innovación donde se incuban y aceleran *startups* internas y externas para innovar en productos y servicios. Asimismo, estos centros de innovación están conectados con la triple hélice que hemos comentado en el capítulo anterior.

Innovación sostenible

La **innovación sostenible** tiene una clara dimensión colaborativa, y por ello está muy relacionada con los conceptos abordados en los capítulos anteriores. La innovación sostenible se puede definir, según un ensayo de los autores Hansen y Große-Dunker del año 2013, como la introducción comercial de un producto nuevo o mejorado, un sistema de servicio de producto o un servicio puro que, basado en un análisis comparativo rastreable, genera beneficios ambientales y/o sociales sobre la versión anterior del ciclo de vida físico. La innovación sostenible está directamente relacionada con el desarrollo de soluciones a los desafíos sociales y ambientales, teniendo en cuenta la gestión de los recursos y los impactos a lo largo de los procesos de innovación. Para ello, se considera la realización de cambios intencionales a la mentalidad y valores organizacionales para adoptar nuevos productos, procesos y prácticas que crean valor sostenible. Un concepto muy relevante dentro de la innovación sostenible y que ayuda en su aplicabilidad es la llamada triple cuenta de resultados

La **triple cuenta de resultados** es un concepto acuñado a mediados de los años 80 por autores como Freer Spreckley. Este concepto alcanza gran notoriedad con la publicación en 1998 del libro *Cannibals With Forks: The Triple Bottom Line of 21st Century Business* del escritor John Elkington. La triple cuenta de resultados es un marco contable que fomenta los negocios sostenibles conforme a tres dimensiones fundamentales: económica, social y ambiental. La adopción de la triple cuenta de resultados aporta beneficios importantes para la empresa, ya que facilita el acceso a nuevos mercados potenciales, aumenta la motivación de los empleados, fomenta la innovación, mejora la reputación y fideliza a los clientes.

⚠️ **IMPORTANTE**

Cada vez existe una mayor concienciación en la sociedad y los usuarios premian a aquellas empresas que aplican una innovación sostenible para el desarrollo de soluciones a los desafíos sociales y ambientales, teniendo en cuenta la gestión de los recursos y los impactos a lo largo de los procesos de innovación.

👁️ **¡OJO!**

La triple cuenta de resultados es un marco contable que permite a empresarios y emprendedores trabajar los negocios sostenibles en base a una dimensión económica, una social y una ambiental.

Plataformas tecnológicas

Esta evolución tecnológica experimentada durante los últimos tres siglos es algo destacable. Algunos de los hitos incluyen la formalización del sistema binario en el año 1703, la publicación del primer algoritmo computacional en 1843, la formulación del test de Turing en el año 1950 o el desarrollo del primer circuito integrado en

1958. Otros hitos más recientes incluyen el planteamiento de la ley de Moore en 1965 o el primer uso oficial de internet en 1969.

Centrándonos en el mundo empresarial y social, desde 1950 compañías como Apple o IBM empezaron a introducir los ordenadores personales en el mercado. Posteriormente encontramos otros hitos, como el desarrollo del *software* por parte de Microsoft en los años 80, con la introducción del paquete ofimático Office en 1989. El desarrollo de la red informática mundial World Wide Web por Tim Berners-Lee y Robert Cailliau el mismo año, también aceleró el proceso de transformación digital. La fundación de la red social Facebook por Mark Zuckergberg en 2004 utilizando una plataforma tecnológica o el lanzamiento del Iphone por parte de Steve Jobs, fundador de Apple, en el año 2007, dando el pistoletazo de salida a los teléfonos inteligentes. Todos estos acontecimientos tecnológicos y muchos otros han acelerado enormemente el desarrollo de la transformación digital. Sin embargo, las empresas de investigación y consultoría más prestigiosas del mundo coinciden en remarcar que en la actualidad estamos viviendo una época marcada por crecimientos exponenciales en algunas tecnologías como el internet móvil, el internet de las cosas, la computación en la nube, la robótica avanzada, los vehículos autónomos o semiautónomos, la impresión 3D, la automatización cognitiva, la inteligencia artificial, la biotecnología y biomanufactura, el *blockchain*, la ciberseguridad, la realidad virtual, la realidad aumentada y mixta, los dispositivos ponibles, el reconocimiento de gestos y otros avances que llegarán los próximos años.

Una de las tecnologías más importantes que han influido en el desarrollo de las nuevas economías y que hemos revisado en los aprendizajes de los once ejemplos es el uso de **plataformas tecnológicas** para desarrollar nuevos modelos de negocio. Ya hemos visto qué es un modelo de negocio; ahora es importante entender cómo funcionan las plataformas tecnológicas dentro del paraguas más amplio de la **transformación digital**.

Podemos definir la **transformación digital** como el cambio asociado a la aplicación de la tecnología digital en todos los aspectos de la sociedad humana. La transformación digital reestructura todos los aspectos de un negocio en el mundo empresarial. En un ensayo del autor Henning Piezunka del año 2011 titulado *Technological platforms*, el autor define el concepto de **plataforma** como un conjunto de componentes de un sistema que es fuertemente interdependiente de la mayoría de los otros componentes del sistema, y que ese conjunto también co-determina la arquitectura del resultado del sistema. Dicho de otra manera, si usted conduce un Volkswagen, usa Microsoft Windows o compra o vende por eBay, entonces está usando una plataforma. El autor señala que sesenta de las cien empresas más grandes del mundo obtienen al menos la mitad de sus ingresos de los mercados de plataformas. En las últimas dos décadas, las plataformas han extendido su influencia a toda la sociedad en general. Han cambiado la forma en la que interactuamos socialmente con Facebook, buscamos información con Google, realizamos transacciones económicas con eBay, gestionamos nuestra movilidad con Uber u organizamos nuestros alojamientos con Airbnb. El autor propone tres tipos de plataformas: las plataformas internas como, por ejemplo, el Sony Walkman, las plataformas industriales como Microsoft Windows y las plataformas de mercados bilaterales como eBay.

En otro estudio de Karl Täuscher para Fraunhofer titulado *Business Models in the Digital Economy: An Empirical Study of Digital Marketplaces*, el autor explica que el éxito de *marketplaces* como el de Airbnb ha creado nuevos mercados digitales. El autor define los **mercados digitales** como empresas que proporcionan una plataforma tecnológica para unir el lado de la demanda y la oferta, facilitando así las transacciones entre estas partes.

En este libro hemos visto que las plataformas han sido fundamentales para los éxitos de los once ejemplos comentados. Tal ha sido la influencia de las plataformas tecnológicas como las de Uber o Blablacar que los autores Kenny y Zysman ya identifican en un ensayo del año 2016 la economía de las plataformas como una nueva realidad.

⚠️ **IMPORTANTE**

La influencia de las plataformas tecnológicas como las de Airbnb, Uber, Blablacar y muchas otras han acabado consolidando la llamada economía de las plataformas como una nueva realidad.

Larga estela

El autor Chris Anderson publicó en el año 2006 el libro
*The Long Tail: Why the Future of Business is Selling Less of
More*. En dicho libro, Anderson describía los **modelos
de negocio de empresas como Amazon y Netflix,** ar-
gumentando que los modelos tradicionales en los que se
proponía que los productos que se deben vender son los
de mayor rotación no siempre se justificaban. De hecho,
internet y la transformación digital han modificado las
leyes de distribución y las reglas clásicas de los mercados.
Anderson proponía dos tipos de mercados: el mercado
de masas y el mercado de nichos. El primero se centra
en el alto rendimiento de pocos productos y el segundo
se basa en la acumulación de pequeñas ventas de muchos
productos, que pueden acabar superando a la primera
tipología. Muchas de las empresas exitosas del mundo
digital han acabado ofreciendo productos populares,
menos populares e incluso raros, cubriendo todos los
segmentos de mercados posibles.

La larga estela nos hace pensar en los segmentos de mercados objetivos, que es una de las piezas clave de un modelo de negocio junto con la propuesta de valor. Existe otro concepto interesante que incorpora la sostenibilidad o innovación sostenible cuando pensamos en los clientes y usuarios. Se trata del concepto conocido como **base de la pirámide**, que hace referencia a los más de cuatro mil millones de personas que viven en una situación de pobreza, con unos ingresos de menos de tres mil dólares al año. El concepto, que fue definido por los autores C. K. Prahalad y Stuart L. Hart en el año 1998, considera que en la base de la pirámide hay un gran potencial de negocio para aquellas empresas que satisfagan las necesidades de los millones de pobres que existen en el mundo. Para tener éxito en esta aproximación es fundamental apostar por la innovación y trabajar de forma colaborativa con plataformas locales y organizaciones sin ánimo de lucro.

Un ejemplo clásico es M-Pesa, que es el nombre de producto de Safaricom (Vodafone), lanzado en el año 2007. M-Pesa permite a los usuarios depositar, retirar, transferir dinero y pagar por bienes y servicios fácilmente con un dispositivo móvil. M-Pesa surgió como un servicio de banca sin sucursales. Los clientes de M-Pesa pueden depositar y retirar dinero de una red de agentes y puntos de venta que actúan como agentes bancarios. M-Pesa fue adoptado por muchas personas que no estaban en el sistema bancario por no tener recursos y se extendió rápidamente. En el año 2010 ya se había convertido en el servicio financiero basado en teléfonos móviles más exitoso en el mundo en desarrollo. El servicio ha sido elogiado y premiado por dar acceso a millones de personas al sistema financiero formal y por reducir la delincuencia.

⚠️ **IMPORTANTE**

Muchas de las empresas exitosas del mundo digital han desarrollado modelos de negocio con una lógica basada en la larga estela, ofreciendo productos populares, menos populares e incluso raros, cubriendo todos los segmentos de mercados posibles.

👁️ **¡OJO!**

También podemos ampliar nuestros segmentos de clientes objetivos si tenemos en cuenta a las personas de la base de la pirámide, en referencia a los más de cuatro mil millones de personas que viven en pobreza y que también necesitan productos y servicios.

Colaboración masiva

El profesor estadounidense Jeff Howe acuñó el término *crowdsourcing* en el año 2006 en el artículo *The Rise of Crowdsourcing*, publicado en la revista Wired. Se puede traducir como "subcontratación masiva voluntaria" o "colaboración masiva", y tiene dos perspectivas. La primera considera la subcontratación de un trabajo que hacía una persona, a un grupo amplio de personas utilizando una convocatoria abierta. La segunda tiene en cuenta la aplicación de los principios de código abierto a otros campos no relacionados con la programación. Howe diferenciaba cuatro tipos de estrategias de colaboración abierta distribuida: la financiación colectiva conocida como *crowdfunding*, la creación colectiva denominada *crowdcreation*, la votación colectiva o *crowdvoting*, y el uso de la sabiduría colectiva o *crowdwisdom*.

En España el *crowdfunding* superó en 2017 la barrera de los cien millones. El número de plataformas dedicadas a esta actividad en nuestro país superaba las cincuenta. Esta industria se ha especializado, y en la actualidad el *crowdfunding* tiene a su vez varios tipos, como el *crowdequity*, *crowdlending*, *crowdfunding* de recompensa y *crowdfunding* de donación. Los expertos apuntan que de los 100 millones de euros mencionados, casi el 70% corresponde al *crowdequity* y el *crowdlending*.

En el **crowdequity**, el inversor presta su dinero a cambio de obtener una participación accionarial directa en la empresa, y adquiere el derecho a percibir dividendos. Esta modalidad la usan habitualmente *startups* o pequeñas empresas en etapas de crecimiento y que necesitan una aportación de capital para realizar la inversión. Los expertos también consideran que el ***crowdfunding* inmobiliario** se consideraría *equity crowdfunding*. En el ***crowdlending*** los inversores prestan su dinero y reciben una contraprestación en forma de interés. Habitualmente prestan este dinero a empresas y particulares. Los intereses y una parte del montante principal prestado lo suelen recibir de manera mensual o al final de la operación. En el *crowdfunding* de donaciones, las personas o empresas que aportan el dinero no reciben un retorno por los fondos invertidos. Lo que buscan estas personas es participar en proyectos solidarios o formar parte de una comunidad. En el *crowdfunding* de recompensa se ofrece un producto o servicio como contraprestación a la aportación que cada persona realiza al proyecto. Se suele usar en las fases iniciales de un proyecto.

Además de las empresas ya mencionadas, en el capítulo de *kickstarter* encontramos otras empresas en España como Goteo, Arboribus, Crowdcube o Colectual.

⚠ IMPORTANTE

Podemos aprovechar cuatro perspectivas dentro de las estrategias de colaboración abierta distribuida: la financiación colectiva conocida como crowˢfunˢing, la creación colectiva denominada crowˢcreation, la votación colectiva o crowˢvoting, y el uso de la sabiduría colectiva o crowˢwisˢom.

👁 ¡OJO!

De los más de cien millones de euros que se alcanzaron en España en el año 2017 casi el 70 % correspondió a las modalidades del crowdlending y equity crowdfunding. El número de plataformas dedicadas a esta actividad supera las cincuenta. Sin embargo, algunos expertos consideran que el sector se ha estancado algo en relación al año anterior.

¿Qué hemos aprendido de estos nueve conceptos?

En opinión de este autor, los aprendizajes que podemos extraer de los nueve conceptos directos y algunos otros conceptos relacionados indirectamente son los siguientes:

1. La destrucción creativa no es un fenómeno nuevo. Este tipo de destrucción provoca que en una economía de mercado los nuevos productos y servicios acaben destruyendo las viejas empresas y modelos de negocio. En el futuro se va a intensificar y acelerar.

2. Los modelos de negocio han existido desde el inicio del *management*. Sin embargo, en los últimos años y como consecuencia del aumento de la complejidad, se han convertido en un arte que los directivos y emprendedores deben desarrollar.

3. Otro fenómeno que se va a intensificar en los próximos años es la innovación disruptiva, que se caracteriza por crear un nuevo mercado al proporcionar un conjunto de valores que en última instancia y de forma inesperada acaba superando a un mercado existente. En la actualidad, son varias las industrias en las que las empresas existentes o incumbentes están siendo desplazadas por nuevos jugadores.

4. Las redes de innovadores se pueden dividir en: red primordial, red de colegios invisibles, red de cadena de valor y red estratégica. Estas redes son cada vez más frecuentes y se han conectado con la espiral virtuosa

que generan los sectores público, privado y educativo dentro de la triple hélice.

5. La innovación abierta y los centros de innovación se han convertido en los últimos cinco años en elementos fundamentales para todo tipo de empresas. Cada vez es más frecuente incubar y acelerar *startups* internas y externas con el objetivo de innovar y crear ecosistemas.

6. Sin embargo, no podemos olvidar la innovación sostenible, ya que una de las mayores críticas surgidas en los últimos años es que algunas corporaciones solo se preocupan de los rendimientos económicos, sin tener en cuenta los desafíos sociales. Para trabajar la innovación sostenible, las empresas pueden hacer uso de la triple cuenta de resultados.

7. Ninguno de los ejemplos revisados en este libro podría haberse desarrollado sin una plataforma tecnológica. Su importancia es tan grande que ha ascendido al nivel de la llamada economía de las plataformas, que abordaremos en el próximo capítulo.

8. Los modelos de negocio de empresas como Amazon y Netflix se han apoyado en el concepto de la larga estela, según la cual han ofrecido todo tipo de productos a un abanico amplio de segmentos de clientes. Esta perspectiva nos permite también considerar modelos de negocio que sirvan a las personas que viven en la pobreza y que suman más de cuatro mil millones en todo el mundo.

9. Las empresas de las nuevas economías no han dejado de aprovechar cuatro tipos de estrategias

de colaboración abierta distribuida, que son: la financiación colectiva conocida como *crowdfunding*, la creación colectiva denominada *crowdcreation*, la votación colectiva o *crowdvoting*, y el uso de la sabiduría colectiva o *crowdwisdom*.

Siete definiciones fundamentales para navegar en las nuevas economías

En estas dos últimas décadas se han producido grandes cambios en todas las variables macro que se estudian en las universidades y escuelas de negocios. Una de las herramientas del mundo de los negocios que más énfasis pone en este tipo de cambios se denomina "análisis estratégico PEST". El análisis estratégico PEST analiza las condiciones del macro entorno en el que una empresa opera o considera operar. El término fue acuñado por el profesor Francis J. Aguilar de Harvard Business School, en su libro *Scanning the Business Environment* (1967). En el concepto original se analizaban los factores políticos, económicos, sociales y tecnológicos. En el año 1986, los autores Liam Fahey y V.K. Narayana propusieron en su título *Macroenvironmental Analysis for Strategic Management* la inclusión en el análisis de factores ambientales y legales, PESTEL.

Si comparamos los análisis PESTEL que hacían las empresas en el año 2000 con los que hacen ahora, casi dos décadas después, vemos que incluso la terminología y las definiciones han cambiado sustancialmente. En el año 2000 los directivos no hablaban de economía *gig*, economía compartida o economía colaborativa. Es por tanto fundamental incluir ciertas definiciones que los investigadores han desarrollado en los últimos años gracias a su arduo trabajo de investigación y generación de teoría. Para que el lector pueda seguir navegando la lógica del libro, a continuación se incluye una imagen del bloque que se trabajará en las siguientes páginas del libro. En concreto, se abordarán siete definiciones que han sido elegidas por su relevancia con los casos prácticos revisados.

Las definiciones que vamos a explicar a continuación son: economía P2P, economía compartida o colaborativa, economía de acceso, economía bajo demanda, economía *gig*, economía circular y economía de plataformas.

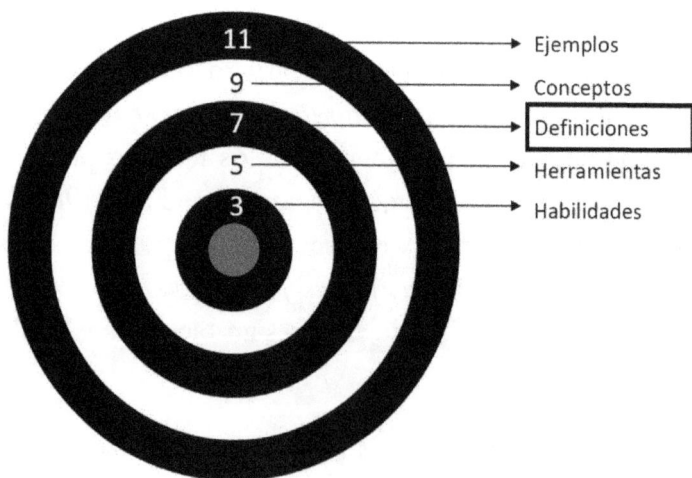

Descripción visual de la metodología DIANA. Definiciones.

Economía P2P

En la Tabla 1 de este libro revisábamos ciertas categorizaciones de las aplicaciones de *e-commerce* e internet. En la primera celda, arriba a la izquierda, teníamos la celda denominada C2C (consumidor a consumidor). Este término se utiliza para definir un modelo de negocio en la red que pretende relacionar comercialmente el usuario final con otro usuario final. Por ejemplo, eBay facilita la comercialización de productos y/o servicios entre particulares, actuando como mera intermediaria y cobrando por sus servicios. C2C también puede hacer referencia a las transacciones privadas entre consumidores que pueden tener lugar mediante el intercambio de correos electrónicos o el uso de tecnologías P2P (*Peer-to-Peer*).

Cuando elevamos el concepto de P2P a la categoría de economía, nos encontramos un gran debate a causa de la complejidad y las implicaciones que tiene un concepto de esta magnitud. En este libro, sin embargo, el autor desea ofrecer explicaciones sencillas. La economía P2P se puede describir, según algunos autores, como una colección de **mercados virtuales** en los que se conectan individuos que buscan intercambiar bienes y servicios entre ellos a través de plataformas digitales. Por un lado están los compradores, que desean bienes o servicios específicos, y por otro lado los vendedores que poseen el bien para vender (o alquilar) o controlar los activos necesarios para proporcionar el servicio. En el estudio titulado *Los modelos colaborativos y bajo demanda en plataformas digitales*, realizado por Sharing España y Adigital, se define la relación entre usuarios P2P como las relaciones que ocurren de particular a particular. En este tipo de relaciones, a los usuarios de cualquier parte les resulta de aplicación el régimen jurídico civil, y no existe la obligación de cumplir con la normativa de protección de consumidores y usuarios.

En los ejemplos de plataformas P2P que figuran en artículos empíricos aparecen la mayoría de las empresas tratadas en el capítulo anterior: Ebay (1995), Wikipedia (2001), BlaBlaCar (2006), Airbnb (2008), Kickstarter (2008), Uber (2009) y Fiverr (2010). Otras empresas mencionadas en artículos sobre la economía P2P incluyen Deliveroo, Bitcoin, Craiglist, Etsy, Apple iTunes, Coursera, Dropbox, Freelancer, Taskrabbit, Upwork, Didi Chuxing, Lyft y un largo etc.

⚠️ **IMPORTANTE**

La economía P2P se puede describir según algunos autores como una colección de mercados virtuales en los que se conectan individuos que buscan intercambiar bienes y servicios entre ellos a través de plataformas digitales. Los compradores desean bienes o servicios específicos, y los vendedores poseen el bien para vender (o alquilar) o controlar los activos necesarios para proporcionar el servicio.

¡OJO!

Los estudios de tendencias indican que la relación entre usuarios P2P que se producen de particular a particular se van a incrementar en el futuro.

Economía compartida o colaborativa

Los orígenes del concepto de la economía compartida o colaborativa los podemos encontrar, desde una perspectiva académica, en un ensayo de los autores Felson y Speath del año 1978 titulado *Estructuras comunitarias y consumo colaborativo: una aproximación*. En dicho ensayo los autores abordaban temas relacionados con el mundo del transporte compartido y la coordinación en el consumo en grupo en situaciones propicias para ello. El término se popularizo en el año 2007 con el artículo *Consumo colaborativo* del autor Ray Algar, y la publicación en el año 2010 del libro *What's mine is yours: the rise of collaborative consumption* de Rachel Botsman y Roo Rogers.

La palabra **compartir** es la que ha generado un mayor número de críticas y debate, ya que algunos autores consideran que las empresas privadas no están proponiendo modelos de negocio sobre la base de compartir. Adam Werbach, co-fundador de Yerdle, dijo a este respecto que el marco de la llamada economía compartida o colaborativa se ha visto destrozado o cambiado radicalmente por personas que únicamente están intentando maximizar sus beneficios como su único objetivo. Los críticos como Adam Werbach argumentan que muchos de los proyectos que utilizan plataformas para desarrollar modelos de negocio en la llamada economía compartida o colaborativa han dejado de pensar en los objetivos colectivos para el bienestar de la comunidad. Estos nuevos proyectos obtienen sus fuentes de financiación en incubadoras y aceleradoras. En las primeras fases van obteniendo cantidades pequeñas de *business angels*. Si la cosa funciona bien conseguirán rondas más importantes de empresas de *venture capital*. Estas empresas únicamente estarán interesadas en conseguir que estos proyectos en los que han invertido dinero sean rentables y obtengan beneficios.

El autor Belk distinguió en el año 2014 entre la verdadera y genuina economía colaborativa y la "pseudoeconomía colaborativa". Belk considera que la mayoría de las plataformas comerciales no encajarían en una verdadera economía colaborativa. Otro de los pensadores disconformes puede ser Slee, que el año 2016 publicó el artículo *What's yours is mine. Against the sharing economy.*

Según la definición de la Comisión Europea 2016, la economía compartida o colaborativa se refiere a los modelos de negocios en los que las actividades son facilitadas por plataformas colaborativas, que crean un mercado abierto para el uso temporal de bienes o servicios, a menudo proporcionados por particulares. Según la Comisión Europea 2016, la característica distintiva de la economía compartida o colaborativa en comparación con otras actividades digitales comerciales es la provisión de acceso P2P a bienes y servicios sin cambio de titularidad, con o sin ánimo de lucro e intermediado por plataformas digitales.

Sharing España y Adigital definen la economía compartida o colaborativa como aquellos modelos de producción,
consumo o financiación que se basan en la intermediación entre la oferta y la demanda, generada en relaciones
entre iguales o de particular a profesional a través de plataformas digitales. Estas plataformas digitales no prestan
el servicio subyacente, generando un aprovechamiento
eficiente y sostenible de los bienes y recursos ya existentes e infrautilizados, permitiendo utilizar, compartir,
intercambiar o invertir los recursos o bienes, pudiendo
existir o no una contraprestación entre los usuarios. Un
ejemplo claro podría ser la empresa Blablacar, de la que
hemos hablado en capítulos anteriores.

⚠ **IMPORTANTE**

*La economía compartida o colaborativa se refiere a los mo-
delos de negocios en los que las actividades son facilitadas por
plataformas colaborativas que crean mercados abiertos para
el uso temporal de bienes o servicios, con frecuencia proporcionados por particulares.*

👁 **¡OJO!**

La palabra **compartir** es la que ha generado un gran
debate, ya que diversos pensadores consideran que muchas empresas privadas no están proponiendo modelos
de negocio sobre la base de compartir. Belk opina que la
mayoría de las plataformas comerciales no encajarían en
una verdadera economía colaborativa.

Economía de acceso

Las autoras Giana M. Eckhardt y Fleura Bardhi publicaron en 2015 en la Harvard Business Review un artículo titulado *La economía colaborativa no trata de compartir en absoluto*. En dicho artículo las autoras profundizaban justamente en el aspecto que hemos comentado en la definición anterior, es decir, que la mayoría de las empresas privadas no están proponiendo modelos de negocio sobre la base de compartir. Después de estudiar a la empresa Zipcar, las autoras llegaron a la conclusión de que los usuarios no ven a otros usuarios como co-participantes, sino que desconfían unos de otros. Ante esta situación, lo que esperan realmente los usuarios de la compañía es que esta controle el sistema de intercambio para que sea equitativo para todos. Los usuarios están más interesados en que la compañía reduzca los precios y aumente la disponibilidad y la fiabilidad, antes que en crear relaciones sociales con otros consumidores. Las autoras explican que las empresas que se rigen por una economía de acceso enfatizan conveniencia y precio en lugar de de fomentar conexiones entre consumidores. Asimismo, los consumidores piensan en el acceso de manera diferente a lo que piensan sobre la propiedad. El que un usuario utilice el acceso para conducir un coche de gama alta como un BMW durante un día no le hace sentir al usuario propietario de esa marca. Simplemente accede a su uso. Esta forma de pensar tiene grandes implicaciones para el *marketing* que hacen las empresas. No es lo mismo vender la propiedad que vender el acceso.

Sharing España y Adigital han intentado solventar las complejas diferencias conceptuales poniendo el matiz en quienes acuden a la plataforma a ofertar y demandar. Desde este punto de vista, la economía de acceso serían aquellos modelos de consumo en los cuales una compañía con fines de negocio pone a disposición de los usuarios unos bienes para su **uso temporal**. La plataforma tecnológica prestaría el servicio subyacente. Asimismo, no sería habitual que los participantes se pusiesen en contacto entre sí para efectuar las transacciones. Un ejemplo que podríamos reconocer fácilmente en nuestro país sería la empresa Car2Go. El ingeniero Jerome Guillen desarrolló en 2008 esta empresa desde el departamento de innovación de negocios de Daimler. La fórmula elegida fue un sistema de alquiler de vehículos que no precisase reserva previa, se pudiese alquilar desde minutos a días y se pudiese dejar el vehículo en cualquier plaza de aparcamiento legal. Car2go emplea un sistema descentralizado en el que el usuario utiliza una aplicación tecnológica con su teléfono inteligente para localizar el coche más cercano.

⚠ **IMPORTANTE**

La economía de acceso son aquellos modelos de consumo en los cuales una compañía con fines de negocio pone a disposición de los usuarios unos bienes para su uso temporal. La plataforma tecnológica presta el servicio subyacente y los usuarios no suelen tener contacto entre sí para efectuar las transacciones.

Economía bajo demanda

La organización de *on-demand economy* define la economía bajo demanda como la actividad económica creada por los mercados digitales que satisfacen la demanda de los consumidores a través del acceso inmediato y el aprovisionamiento conveniente de bienes y servicios. En algunos estudios, los autores integran los conceptos que acabamos de revisar (economía colaborativa y economía de acceso) con la economía bajo demanda, para hacer proyecciones económicas a futuro. En un estudio de PwC del año 2015 titulado *Cincelando nuestro futuro*, su autor Norbert Winkeljohann incluye un capítulo titulado *La economía colaborativa*. En dicho artículo, el autor argumenta que el éxito de empresas como Kickstarter, Uber y Airbnb es simplemente el comienzo. La investigación de PwC sugiere que varios sectores de la economía compartida, alojamiento P2P, compartir vehículos, finanzas P2P, música, video televisión por *streaming* y dotación de personal *online* podría generar ingresos de 335 mil millones de dólares americanos para el año 2025.

La pregunta que nos hacemos es si esta previsión que nace bajo el título de "economía colaborativa" incluye también las economías de acceso y bajo demanda. Esta pregunta surgirá más veces en el futuro debido a la confusión e interrelación que existen entre estas economías. Por decirlo de otra manera, en muchas ocasiones las fronteras entre estas economías no están claras y los límites se diluyen. Por lo tanto, los investigadores deberían encontrar un concepto que aglutinase a todas ellas.

Sharing España y Adigital explican en su informe que la diferencia entre los modelos bajo demanda y los modelos colaborativos es que en los modelos bajo demanda hay una relación comercial entre los usuarios, ya que son plataformas en las que tiene lugar la **prestación de un servicio, ya sea por parte de profesionales o por parte de particulares**. Por ejemplo, Uber le permite a un usuario ponerse en contacto de forma instantánea (bajo demanda) con un conductor profesional que está dispuesto a llevarle en su vehículo por un importe. Otro ejemplo puede ser Fiverr, empresa que según hemos revisado ofrece por medio de una plataforma electrónica que profesionales autónomos puedan trabajar por encargo ciertos servicios (bajo demanda) a clientes en todo el mundo.

👁 **¡OJO!**

La diferencia entre los modelos bajo demanda y los modelos colaborativos es que en los modelos bajo demanda hay una relación comercial entre los usuarios. Por medio de una plataforma tiene lugar la prestación de un servicio, ya sea por parte de profesionales como en el caso de Uber o por parte de particulares como en el caso de Fiverr.

Economía *Gig*

La autora Diane Mulcahy publicó en el año 2016 el libro *La Economía* Gig, y en 2017 el artículo *La "gig economy" y la obsolescencia de la oficina.* Diane explica que en la economía *gig* (**pequeños encargos**), los consultores, contratistas y trabajadores autónomos ofrecen una cartera de servicios puntuales a diferentes clientes.

En un estudio del Instituto Global McKinsey del año 2016, titulado *Trabajo independiente: elección, necesidad y la economía gig* se encontró que 162 millones de personas en Europa y Estados Unidos participan en alguna forma de trabajo independiente. En su encuesta, los investigadores del estudio encontraron que tan solo el 15% de los trabajadores independientes utilizaron una plataforma digital para encontrar trabajo. Sin embargo, una de las conclusiones del estudio es que el trabajo independiente seguirá creciendo rápidamente a medida que las plataformas digitales sigan creando mercados a gran escala. Cada vez veremos un mayor número de conexiones directas entre trabajadores independientes y clientes, incluso en tiempo real.

Sin embargo, la economía *gig* también presenta importantes desafíos que se tendrán que resolver. Cada vez escuchamos más a menudo términos como "**peones digitales**"; este es el modo en el que se describen en algunos artículos a las personas cuya única salida profesional ha sido a través de plataformas digitales para hacer ciertos trabajos. Se trata de algo que en principio podría ser positivo, pero que se puede volver negativo si provoca una precariedad laboral. Algunos de los ejemplos más mencionados en el último año suelen ser los de los mensajeros en bicicletas de empresas como Deliveroo o Glovo. Los sindicatos ya están llamando a este gremio emergente como "**feudalismo digital**".

Es fundamental resolver los problemas que ya estamos identificando en la economía *gig*, ya que distintos estudios indican que el empleo para toda la vida en una misma empresa morirá. Lo que será más frecuente en el futuro es que una persona trabaje para varios empleadores, en algunos casos a través de redes de colaboración profesional. Por lo tanto, una habilidad que tendremos que desarrollar es la flexibilidad.

Según explicábamos anteriormente, Fiverr encajaría en la economía *gig*, ya que utiliza plataformas electrónicas para que profesionales autónomos puedan trabajar por encargo en ciertos servicios a clientes en todo el mundo.

⚠ **IMPORTANTE**

Podemos definir la economía gig (pequeños encargos) como aquella economía en la que consultores, contratistas y trabajadores autónomos ofrecen una cartera de servicios puntuales a diferentes clientes.

👁 **¡OJO!**

Surgen cada vez más voces críticas con las sombras de la economía *gig*. Los sindicatos ya están trabajando para intentar proteger a las personas que trabajan como "peones digitales" dentro del gremio emergente del "feudalismo digital".

Economía circular

Hace medio siglo, el economista Kenneth Boulding propuso la idea de una economía abierta en la que los recursos permanecieran el mayor tiempo posible como parte de la economía. El concepto de economía circular fue propuesto por los economistas ambientales David W. Pearce y Kerry Turner en 1989. Estos autores plantearon en su libro *Economics of Natural Resources and the Environment* que una economía abierta tradicional no incorporaba una tendencia al reciclaje. Esto provocaba que los humanos **usasen el planeta como un lugar para depositar desechos**. La Fundación Ellen MacArthur define la economía circular como un nuevo modelo en el que **los productos, materiales y recursos se mantengan en la economía durante el mayor tiempo posible y en el que se reduzca al mínimo la generación de residuos.**

La economía circular ha abierto diversas aproximaciones. Por ejemplo, la científica Janine Benyus publicó en 1997 el libro titulado *Biomimetismo: innovación inspirada en la naturaleza*. El químico Michael Braungart y el arquitecto William McDonough publicaron en 2002 el libro titulado *De la cuna a la cuna. Rediseñando la forma en que hacemos las cosas*. Otra aproximación es la denominada "economía azul", que reconoce la importancia de los mares y océanos.

En la actualidad, distintos estudios resaltan la importancia de la economía circular a la hora de abordar los desafíos futuros en distintas áreas como la movilidad. Por ejemplo, el estudio realizado por la Fundación Ellen MacArthur, Sun y el Centro McKinsey para los Negocios y el Desarrollo, titulado *Crecer desde dentro: Una visión de una economía circular para una Europa competitiva*, identificaba que el automóvil promedio está estacionado más del 90% del tiempo, los espacios de oficinas están desocupados entre un 30% y un 50% del tiempo durante las horas de trabajo, y un tercio de todos los alimentos se desperdician a lo largo de la cadena de valor. El estudio también propone diversos ejemplos de empresas que ayudan a regenerar, compartir, optimizar, virtualizar, intercambiar y promover **bucles o espirales virtuosas**. El estudio pone como ejemplo dentro del sector residencial a la empresa Airbnb, ya que ayuda a maximizar la utilización de los espacios desaprovechados. Otra empresa mencionada en el estudio es la empresa JustPark, fundada en el año 2006 en Londres por Anthony Eskinazy. JustPark es una empresa que permite a los conductores reservar, a través de su aplicación o sitio *web*, aparcamientos comerciales y públicos e incluso espacios de estacionamiento privados. De esta forma, los propietarios pueden ganar dinero aprovechando mejor sus **espacios infrautilizados**.

⚠️ **IMPORTANTE**

La economía circular es un nuevo modelo que promueve que los productos, materiales y recursos se mantengan en la economía durante el mayor tiempo posible y en el que se reduzca al mínimo la generación de residuos.

👁 **¡OJO!**

Diversas empresas como Airbnb o JustPark permiten por medio de plataformas tecnológicas que los propietarios puedan ganar dinero aprovechando mejor sus espacios infrautilizados.

Economía de plataformas

La economía de la plataforma es la actividad económica y social facilitada principalmente por las plataformas tecnológicas. Dicha actividad no incluye únicamente transacciones comerciales como las que se puedan realizar a través de Amazon, Airbnb y Uber, sino que incluye proyectos de colaboración en línea como Wikipedia. A la economía de plataformas también se la denomina en ocasiones como "**economía de plataformas digitales**" o "**economía de plataformas en línea**".

Las plataformas tecnológicas más habituales dentro de la economía de plataformas son las transaccionales. Sin embargo, existe un segundo tipo denominado "plataformas de innovación" que proporcionan un marco tecnológico sobre el que se puede construir. Un ejemplo de esta actividad podrían ser los desarrolladores independientes que construyen sobre plataformas de Microsoft.

El impacto de esta economía es muy relevante, tal y como indica el experto en plataformas David S. Evans, que apuntaba en el año 2015 que tres de las cinco empresas más grandes del mundo por capitalización utilizaban modelos de negocio basados en plataformas. Un estudio de la consultora Accenture del año 2016 apuntaba que más del 80% de los ejecutivos encuestados consideraba que los modelos de negocio basados en plataformas serán el núcleo principal de sus estrategias de crecimiento para los próximos tres años.

Los autores Jacques Bughin, Tanguy Catlin, Martin Hirt y Paul Willmott, de McKinsey, explicaban en un artículo del año 2018 titulado *¿Por qué las estrategias digitales fracasan?*, que en el mundo de las disrupciones digitales se premia ser el primero o ser un seguidor muy veloz. Según estos autores de Mckinsey, en el mundo digital los primeros ocupantes obtienen una ventaja basada en el aprendizaje. También escalan a gran velocidad plataformas y redes de información alimentadas por tecnologías de inteligencia artificial. Los autores consideran que en el mundo de las plataformas digitales el ganador se lo puede llevar todo. El motivo es que en el mundo digital es más fácil alcanzar un escalado instantáneo de la idea o producto ganador que al final puede alcanzar el mercado a nivel global. Asimismo, se menciona la importancia de entender que vamos a un mundo caracterizado por los ecosistemas.

Sharing España y Adigital explican en su informe que las claves de los modelos de plataforma son su eficiencia, el aprovechamiento de los efectos de red, la reducción de intermediarios, el uso de la tecnología, los avances en innovación que facilitan la inmediatez y reducen costes, el buen impacto medioambiental y el empoderamiento del consumidor y del usuario.

La economía de la plataforma es la actividad económica y social facilitada principalmente por las plataformas tecnológicas, que incluye tanto el mundo de las transacciones comerciales como proyectos de colaboración en línea.

◉ **¡OJO!**

Diversos estudios han encontrado que los modelos de negocio basados en plataformas tecnológicas serán el núcleo principal de las estrategias de crecimiento de las empresas en el futuro.

¿Qué hemos aprendido de estas siete definiciones?

Podemos extraer una serie de aprendizajes de las siete definiciones revisadas en este capítulo del libro:

1. La economía P2P define los **mercados virtuales** en los que se conectan individuos que buscan intercambiar bienes y servicios entre ellos a través de plataformas digitales.

2. La economía compartida o colaborativa se refiere a los modelos de negocios en los que las actividades son facilitadas por plataformas colaborativas que crean mercados abiertos para el **uso temporal** de bienes o servicios, con frecuencia proporcionados por particulares. Por ejemplo, la compañía Blablacar encajaría en este tipo de economía.

3. La palabra **compartir** es la que ha generado un gran debate, ya que muchas empresas privadas no están proponiendo modelos de negocio sobre la base de compartir, sino únicamente pensando en ganar dinero.

4. En la economía de acceso, una compañía con fines de negocio pone a disposición de los usuarios unos bienes para su uso temporal. La plataforma tecnológica prestaría el servicio subyacente y los usuarios no suelen tener contacto entre sí. Por ejemplo, la compañía Car2go encajaría en este tipo de economía.

5. En la economía bajo demanda se genera una actividad económica creada por los mercados digitales que satisface la **demanda de los consumidores**, a través del acceso inmediato y el aprovisionamiento conveniente de bienes y servicios. Por ejemplo, la compañía Uber encajaría en este tipo de economía.

6. En la economía *gig* (**pequeños encargos**), consultores, contratistas y trabajadores autónomos ofrecen una cartera de servicios puntuales a diferentes clientes. Por ejemplo, la compañía Fiverr encajaría en este tipo de economía.

7. La economía circular es un nuevo modelo que promueve que los productos, materiales y recursos se mantengan en la economía durante el mayor tiempo posible, y en el que se reduzca al mínimo la generación de residuos. Por ejemplo, empresas como Airbnb o JustPark permiten por medio de plataformas tecnológicas que los propietarios pueden ganar dinero aprovechando mejor sus **espacios infrautilizados**.

8. La economía de las plataformas es la actividad económica y social facilitada principalmente por las plataformas tecnológicas, que incluye tanto el mundo de las transacciones comerciales como Amazon como los proyectos de colaboración en línea como Wikipedia.

9. Diversos estudios han encontrado que los modelos de negocio basados en plataformas tecnológicas serán el núcleo principal de las estrategias de crecimiento de las empresas en el futuro. **En la actualidad, de las cinco mayores empresas por capitalización, cuatro estarían basadas en plataformas.**

Cinco herramientas clave para comprender el funcionamiento de las nuevas economías

Existen multitud de herramientas dentro del mundo económico y empresarial. Este autor ha escogido cinco herramientas para comprender el funcionamiento de las nuevas economías. Las herramientas que se van a explicar a continuación son: el pensamiento de diseño, el lienzo de modelo de negocio adaptado por Bocken 2013, el mapa de actores o *stakeholders*, la vigilancia tecnológica y la planificación de escenarios.

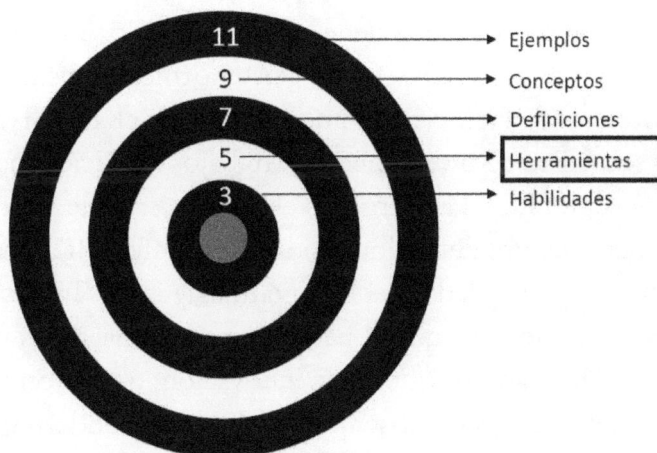

* Descripción visual de la metodología DIANA. Herramientas.

Pensamiento de diseño

Una de las características de las nuevas economías es que están muy centradas en las personas. Las once empresas revisadas en capítulos anteriores muestras soluciones que encajan bien para ciertos segmentos de clientes objetivos. Por ello, la primera herramienta que revisamos en este libro se denomina "**pensamiento de diseño**", **también conocida como *Design Thinking* o DT**. El pensamiento de diseño se puede resumir como una metodología basada en las personas o centrada en el usuario. La solución surge de un tipo de innovación que trabaja intensamente para ponerse en la piel del usuario, ya que los clientes son los que finalmente validan las innovaciones.

El pensamiento de diseño usa los métodos de los diseñadores para satisfacer las necesidades de las personas, considerando la factibilidad tecnológica y viabilidad comercial. Este concepto tiene su origen en los métodos de diseño de los años sesenta. Posteriormente, distintos autores como Herbert A. Simon, Robert McKim, Bryan Lawson y Peter Rowe publicaron trabajos evolucionando el concepto. Rolf Faste integró el pensamiento de diseño en el currículum de la Universidad de Stanford. Thomas Lockwood, presidente del Design Management Institute (DMI), nos explica que el pensamiento de diseño es un proceso humano basado en la innovación, que se centra en las actividades de observar, colaborar, aprender rápido, visualizar, prototipar de forma rápida y modelizar. Tim Brown, presidente de IDEO, describe el pensamiento de diseño como un método que desarrolla una serie de actividades bajo un espíritu de diseño centrado en el ser humano.

Por lo tanto, podemos apreciar que el pensamiento de diseño es, sobre todo, un enfoque de resolución de problemas desde la perspectiva de la creatividad y la utilización de métodos de trabajo no convencionales. **Es un proceso que pone al usuario en el centro del análisis.** El pensamiento de diseño trata de conseguir una innovación disruptiva, romper un paradigma.

¿Cómo aplicar el pensamiento de diseño? El proceso de innovación se suele caracterizar por una serie de etapas o fases. El profesor Carlos Osorio explica que las fases y etapas iterativas del proceso de innovación empiezan por un desafío de innovación que intenta resolver un problema u oportunidad. Por ello, es importante empezar identificando las necesidades latentes del desafío de innovación. Posteriormente se trabaja en las fases iterativas de entendimiento, observación, descubrimiento, generación de ideas, prototipos y pruebas, implementación, lanzamiento y explotación. Durante todo el proceso se va aprendiendo y mejorando el proceso de innovación.

A la hora de aplicar este proceso de innovación, tendremos que seguir algunas recomendaciones que nos ofrece el profesor Enric Segarra, experto en pensamiento de diseño. Enric nos recomienda salir a la calle a leer entre líneas: "perder el tiempo". Cuando salimos fuera, vemos realidades que de otra forma no hubiéramos visto. Ordeno la información e intento sacar conclusiones, observando los extremos, que desafían las fronteras del paradigma. Este proceso me llevará a identificar un desafío realizable. Posteriormente es importante ganar empatía con el posible usuario. A partir de las observaciones directas, crearemos el perfil de persona. Es importante también convertir los descubrimientos en oportunidades, generando muchas ideas. Esta técnica se conoce como "tormenta de ideas". Después prototiparemos actuando con las manos, puesto que a menudo la mente nos engaña. Podemos crear un prototipo de la idea (si es un producto), o un *"roleplay"* (si se trata de un servicio). Posteriormente realizaremos pruebas mostrando los prototipos con humildad a los posibles clientes o usuarios, para aprender durante el proceso. Por ejemplo, la empresa Airbnb realizó un trabajo intenso en sus primeras etapas para entender bien tanto a las personas que ofrecían inmuebles como a los usuarios.

⚠️ **IMPORTANTE**

Tim Brown, presidente de IDEO, describe el pensamiento de diseño como un método que desarrolla una serie de actividades bajo un espíritu de diseño centrado en el ser humano.

Modelo de negocio (adaptado de Bocken 2013)

De acuerdo con un artículo del año 2009 firmado por
el autor David J. Teece, el diseño de nuevos modelos de
negocio es un arte, y en la práctica el mundo de los negocios ha adoptado una serie de metodologías y herramientas concretas. Una aproximación holística para entender
como encajan las distintas metodologías es la aportada
en el libro *El método del innovador*, de los autores Nathan
Furr y Jeff Dyer. Los autores proponen un proceso con
cuatro fases que finaliza en el modelo de negocio.

Una de las herramientas clave que ayuda en la última parte del modelo de innovación es la herramienta denominada "lienzo de modelo de negocio". Podemos decir que
el lienzo de modelos de negocio es una de las herramientas que más influencia ha tenido en los últimos años en el
mundo empresarial. Esta herramienta fue propuesta por
los autores Alexander Osterwalder e Yves Pigneur en su

libro titulado *Generación de modelos de negocio*, publicado en el año 2011. Según Alexander Osterwalder, el lienzo de modelo de negocio es una herramienta conceptual que, mediante un conjunto de elementos y sus relaciones, permite expresar la lógica mediante la cual una empresa intenta ganar dinero generando y ofreciendo valor a uno o varios segmentos de clientes objetivo. La herramienta consta de nueve cajas que son: la propuesta de valor, los segmentos de clientes, la relación con clientes, los canales, las actividades clave, los recursos clave, los socios clave, la estructura de costos y las fuentes de ingresos.

La aportación que hace la autora Nancy Bocken en el año 2013 resulta sumamente interesante, ya que integra la **triple cuenta de** resultados –que explicamos en el capítulo de la innovación sostenible– en el corazón del lienzo.

Socios Clave	Actividades clave	Propuesta de valor			Relación con los clientes	Segmentos de clientes
		Social	Económica	Ambiental		
	Recursos clave				Canales	
		Estructura de costos		Fuente de ingresos		

* Lienzo de modelo de negocio (adaptado de Bocken).

Recordemos que la triple cuenta de resultados es un marco contable que fomenta los negocios sostenibles en base a tres dimensiones fundamentales: económica, social y ambiental. Por ejemplo, empresas como JustPark o Blablacar aportarán grandes ventajas en la triple cuenta de resultados de su propuesta de valor.

👁 **¡OJO!**

La aportación que hace la autora Nancy Bocken en el año 2013 resulta sumamente interesante, ya que integra la triple cuenta de resultados, obligándonos a considerar los impactos económicos, sociales y medioambientales en la propuesta de valor.

El mapa de actores (*Stakeholders*)

Richard Edward Freeman publicó en 1984 el libro *Strategic management: A stakeholder approach*, en el que abordaba el tema de los *stakeholders* con el argumento de que distintos individuos y grupos pueden afectar o ser afectados por los objetivos de una empresa. Una forma de categorizar estos individuos o grupos puede ser dividiendo entre los actores internos y los actores externos a la organización.

Dentro del grupo de los actores internos encontramos los más cercanos a la propiedad, la gestión y el desempeño de las actividades de la empresa, que estarían conformados por los accionistas, inversores, directores y empleados. Otro grupo interno importante serían aquellos aliados de negocio que participarían en distintas actividaddes de la empresa. Por ejemplo, los socios de investigación y desarrollo, los proveedores de servicios y los aliados para la creación de nuevas aventuras empresariales.

Dentro del grupo de actores externos encontramos dos grandes grupos. El primero lo conformarían los grupos de segmentos de clientes objetivos. En capítulos anteriores hemos revisado distintas categorizaciones de clientes, analizando si la venta se produce a empresas, consumidores o gobiernos. El segundo grupo es el que en las últimas décadas ha acaparado mayor atención, y sobre el que muchos modelos de negocio han encontrado relaciones interesantes. El grupo estaría conformado por los actores de influencia externa, como agencias gubernamentales y regulatorias, cuerpos profesionales, asociaciones industriales, iniciativas ciudadanas, grupos de defensa, organizaciones sin ánimo de lucro, organizaciones de investigación y comunidades locales.

Para poder realizar modelos de negocio resulta imprescindible entender el mapa de actores. Sin embargo, es una actividad muy compleja y no resulta sencilla. El motivo es que requiere tener la capacidad de pensamiento sistémico, buscando comprender varios subsistemas o elementos interrelacionados en los complejos ecosistemas de los negocios actuales.

Una forma de abordar esta competencia es utilizando el concepto metafórico de **"altitudes de liderazgo"** de Ram Charan. En la máxima altitud para aviones comerciales, a cincuenta mil pies de altura, tendremos la visión general. En el mundo empresarial sería equivalente a la visión estratégica y holística de las interrelaciones entre todos los actores. La segunda altura baja a unos cincuenta pies de altura. En este nivel, la persona podrá trabajar temas más tácticos del corto plazo. En nivel más bajo, a tan solo cinco pies de altura, la persona tendrá un detalle máximo de los elementos que influyen tanto en el mapa de actores como en el modelo de negocio.

⚠ **IMPORTANTE**

Según el concepto del mapa de actores, distintos individuos y grupos pueden afectar, o ser afectados, por los objetivos de una empresa.

👁 **¡OJO!**

Algunos de los ejemplos revisados en este libro, como Airbnb, Uber o Blablacar, han utilizado con éxito el concepto de mapa de actores. Sus fundadores comprendieron en su día las distintas interrelaciones entre todos los actores.

Vigilancia tecnológica

La vigilancia tecnológica puede resultar muy interesante, ya que incluye diferentes herramientas que ayudan a escanear el entorno externo. En la norma **UNE 166006:2018** se explica que el objeto de esta norma es facilitar la formalización y estructuración del proceso de recogida y análisis de información sobre el entorno de la organización, con el fin de apoyar la toma de decisiones a todos los niveles. Para realizar estas actividades se recomienda la implantación de un sistema de gestión permanente de la **vigilancia y la inteligencia**, enfocado a las actividades de I+D+i de la organización. Esta información se selecciona, analiza, difunde y comunica para transformarla en conocimiento, que permitirá anticiparse a los cambios y tomar decisiones con menor riesgo. Esto ayudará a identificar los puntos ciegos que pueden ser un obstáculo para ver las oportunidades y poder generar y liderar nuevos negocios, nutriendo así la estrategia de la empresa. Algunas herramientas útiles para realizar la vigilancia e inteligencia son **la hoja de ruta tecnológica** y el **ciclo de sobreexpectación**, entre otras.

El método de la **hoja de ruta tecnológica** se empezó a utilizar en la industria del automóvil en Estados Unidos, con el fin de reducir los costes de los proveedores. Posteriormente, en 1987, la empresa de tecnología Motorola publicó la primera hoja de ruta tecnológica que alineaba la tecnología con la estrategia de producto. El aspecto interesante de la hoja de ruta tecnológica es que facilita explorar estrategias que integran al mismo tiempo el empuje tecnológico y la demanda de mercado mirando el corto, el medio y el largo plazo.

La segunda herramienta de vigilancia tecnológica se conoce como el **ciclo de sobreexpectación**. Este concepto fue desarrollado por la empresa de investigación tecnológica Gartner en 1995, y se construye sobre la ley que propuso el futurólogo Roy Charles Amara, según la cual tenemos una tendencia a sobrestimar los efectos de una tecnología a corto plazo y subestimar los efectos a largo plazo. Según el ciclo de sobrexpectación de Gartner, en los lanzamientos de nuevas tecnologías se producen cinco fases. La primera fase es la del lanzamiento tecnológico. Esa nueva tecnología alcanzará un pico de expectativas sobredimensionadas en la segunda fase. La tecnología se desplomará al abismo de desilusión en la tercera fase. En la cuarta fase la nueva tecnología ascenderá por la pendiente de iluminación. Finalmente, la nueva tecnología alcanzará la meseta de productividad en la quinta fase. Esta herramienta es útil para el *marketing* de las nuevas tecnologías. Empresas como como Uber, Car2Go o Lime entendieron muy bien el momento clave para aprovechar las nuevas tecnologías.

⚠ **IMPORTANTE**

La vigilancia tecnológica permite captar información del exterior y de la propia organización sobre ciencia y tecnología, con el fin de anticiparse a los cambios y tomar decisiones con menor riesgo.

👁 ¡OJO!

Distintas herramientas como la **hoja de ruta tecnológica** o el **ciclo de sobreexpectación** pueden ser de gran ayuda para acertar con los tiempos a la hora de lanzar nuevos negocios tecnológicos.

Planificación de escenarios

Podemos definir la planificación de escenarios dentro del mundo empresarial como una herramienta que permite la realización de un análisis para la planificación estratégica, que algunas organizaciones utilizan para hacer planes flexibles a largo plazo. Muchos autores atribuyen su origen al mundo militar de los Estados Unidos en los años cincuenta. Posteriormente, el mundo empresarial adaptaría y evolucionaría esta herramienta para guiar la estrategia corporativa. Algunas de las corporaciones que fueron pioneras en su uso fueron las de los sectores petrolíferos y del gas natural, como el grupo de Royal Dutch Shell que la empezó a utilizar en los años setenta.

Existen distintas justificaciones y metodologías para utilizar la herramienta de planificación de escenarios. Con relación a las razones que llevan a las empresas a utilizarla, la principal sería que el futuro es muy difícil de predecir y una alternativa es proponer varios futuros alternativos. No estaríamos buscando una predicción, sino una propuesta de posibilidades que incluiría tanto futuros probables como improbables. Dentro de las metodologías existentes resulta interesante la del autor Schoemaker en 1993. Dicha metodología incluye tres fases. En la primera fase se define el alcance y el marco temporal. En esta fase es fundamental identificar las variables y los actores clave. En la segunda fase se identifican las incertidumbres y tendencias clave. En la tercera fase se construye el escenario. Normalmente se creará una matriz con dos ejes y **cuatro posibles mundos**. Por ejemplo, en el mundo de la salud podríamos construir una matriz con dos ejes. En la parte izquierda del eje horizontal podríamos considerar que la medicina personalizada no sucederá. En la parte derecha del eje horizontal podríamos considerar que la medicina totalmente personalizada acabará imponiéndose gracias a los avances tecnológicos. En el eje vertical, en la parte inferior, podríamos considerar que la medicina reactiva seguirá siendo la predominante en la sociedad. En la parte superior del eje vertical podríamos considerar que la medicina preventiva acabará imponiéndose. Esta matriz construye cuatro mundos a los que deberíamos poner un nombre inspirador para que ayude en la reflexión. **La clave estaría en encontrar posibilidades de negocio en los mundos probables y en los no probables.**

Adoptando el mismo planteamiento podemos intentar crear una planificación de escenarios que encaje con algunos de los casos prácticos revisados en este libro. Por ejemplo, podríamos crear una matriz que abordase la movilidad. En el eje horizontal podríamos considerar que los usuarios podrían comprar o usar vehículos. El eje vertical podríamos considerar el tamaño y capacidad del vehículo de movilidad. Al final nos surgirían cuatro mundos posibles en los que podríamos encuadrar vehículos de empresas como Seat, Car2go, Lime o Xiaomi.

⚠ **IMPORTANTE**

La planificación de escenarios permite la realización de un análisis para hacer planes flexibles a largo plazo.

👁 **¡OJO!**

La planificación de escenarios no es fácil de usar, ya que es una de esas herramientas que mezcla el rigor del análisis con la capacidad de imaginar distintas posibilidades.

¿Qué hemos aprendido de estas cinco herramientas?

Podemos extraer una serie de aprendizajes de las cinco herramientas revisadas en este capítulo del libro:

1. El pensamiento de diseño ha tenido un gran impacto en el desarrollo de soluciones ganadoras en los últimos años. La razón es que es un tipo de innovación que trabaja intensamente en **ponerse en la piel del usuario,** que es quien finalmente valida las innovaciones. Airbnb es un ejemplo de empresa que trabajó para entender a los propietarios de las viviendas y quienes desean alquilarlas.

2. Nancy Bocken integró en el año 2013 el concepto de **la triple cuenta de resultados,** con el lienzo de modelo de negocio de los autores Alexander Osterwalder e Yves Pigneur. De esta forma, las empresas podían

diseñar modelos de negocio que al mismo tiempo tuviesen en cuenta las dimensiones sociales, económicas y ambientales. Empresas como JustPark o Blablablar habrían tenido en cuenta estas dimensiones en sus modelos de negocio.

3. El mapa de actores tiene en cuenta a todos los individuos y grupos que pueden afectar o ser afectados por los objetivos de una empresa. Es por ello que resulta de gran utilidad para crear buenos modelos de negocios que incluyan factores difíciles de identificar como, por ejemplo, los aliados de negocio.

4. La vigilancia tecnológica es una actividad de la innovación que permite capturar información del exterior y de la propia organización sobre ciencia y tecnología. Esto ayuda a anticiparse a los cambios. También facilita tomar decisiones más informadas y en teoría con menor riesgo.

5. La planificación de escenarios permite realizar planes flexibles a largo plazo proponiendo diversos **mundos alternativos**. Es una herramienta compleja, pero muy útil para explorar oportunidades y amenazas.

Tres habilidades indispensables en las nuevas economías

Los expertos prevén que en los próximos años se va a producir una revolución en el mundo laboral, debido a cambios demográficos, sociales, económicos y tecnológicos. En este libro hemos revisado la irrupción de las llamadas nuevas economías, que están revolucionando el mundo tal como lo conocemos. En estas nuevas economías parece inevitable que todos tendremos que reciclarnos e incorporar cada vez en mayor medida las competencias que serán más demandadas. En un artículo de Paul Kruchoski escrito en el año 2016 para WebForum, titulado *Diez habilidades que necesitas para prosperar mañana*, el autor nos explica que, según el Foro Económico Mundial, la creatividad será la tercera competencia más valorada en el mundo laboral, solo por detrás de la capacidad para resolver problemas complejos y ser capaz de pensar de forma crítica. Estas tres habilidades serán importantes para desarrollar nuevos modelos de negocios en las nuevas economías y trabajar en las futuras profesiones laborales.

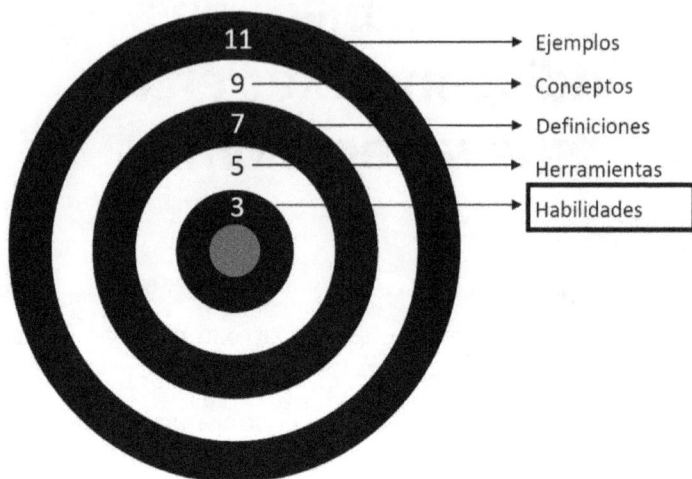

* Descripción visual de la metodología DIANA. Habilidades.

Resolver problemas complejos

La estrategia de la complejidad es una teoría interdisciplinaria que surge en los años sesenta y estudia los sistemas complejos. Esta área de conocimiento construye desde investigaciones previas en las ciencias naturales, examinando cómo nos enfrentamos a la incertidumbre. Con la aparición de las nuevas economías y las tecnologías exponenciales, se ha vuelto fundamental desarrollar la habilidad para resolver problemas complejos. Por ejemplo, empresas como Uber, Blablacar o Lime han intentado resolver el desafío de la movilidad con distintos modelos de negocio. Sin embargo, al mismo tiempo han surgido nuevos problemas. Esto sucede porque el mundo se está volviendo más complejo. En los últimos meses hemos podido leer noticias que nos llenan de preocupación. A continuación podemos leer un par de titulares de estas noticias. "La empresa de patinetes eléctricos Lime, echa a rodar en Madrid en medio de un limbo legal". "¿Revolución o invasión?: las aceras de las grandes ciudades se llenan de bicis, patinetes y motos".

Merece la pena resaltar que con relación a estos problemas complejos para Madrid, se acordó en octubre del año 2018 una modificación de la Ordenanza de Movilidad Sostenible con una legislación más favorable a estos vehículos motorizados urbanos. La decisión final es que los patinetes eléctricos no podrán circular por aceras y espacios reservados con carácter exclusivo al tránsito de peatones. Sin embargo, sí lo podrán hacer por todos los carriles-bici y carriles de la zona 30, donde la velocidad máxima permitida es de treinta kilómetros por hora.

Por lo tanto, es importante que todas las personas que trabajan en los sectores públicos, privados y educativos mejoren la habilidad de resolver problemas complejos. Los expertos proponen distintas aproximaciones o metodologías para abordar la resolución de problemas complejos. Por ejemplo, el pensamiento lateral, el pensamiento divergente, el pensamiento visual, la vista de helicóptero o de cincuenta mil pies de altura. Con relación al proceso, la mayoría de los métodos comienzan con un análisis o diagnóstico, se consideran opciones existentes o se crean nuevas y se implementan o ejecutan las que pueden encajar mejor.

Uno de los métodos clásicos es la **resolución creativa de problemas**, creada por el ejecutivo de publicidad Alex Faickney Osborn, quien la desarrolló en 1954 junto con el profesor Sidney Parnes de la Universidad de Búfalo. El método de Resolución Creativa de Problemas (CPS) sigue un esquema organizado de técnicas de pensamiento creativo para resolver problemas, y consta de siete pasos: (1) orientación para plantear el problema, (2) preparación para aportar datos pertinentes, (3) análisis para incluir todo el material relevante, (4) hipótesis para plantear alternativas para crear opciones a las ideas, (5) incubación para permitir que llegue la iluminación, (6) síntesis para poner las piezas juntas y (7) verificación para juzgar las ideas resultantes.

⚠️ **IMPORTANTE**

Con la aparición de las nuevas economías y las tecnologías exponenciales, se ha vuelto fundamental desarrollar la habilidad para resolver problemas complejos.

👁️ **¡OJO!**

Uno de los métodos clásicos es el método de resolución creativa de problemas (CPS), desarrollado por Alex Faickney Osborn y el profesor Sidney Parnes de la Universidad de Búfalo.

Pensamiento crítico

El pensamiento crítico se puede definir como el proceso por el cual las personas analizamos, entendemos o evaluamos la forma por la cual organizamos los conocimientos que intentan explicar el mundo. Distintos estudios resaltan la importancia de evitar los **sesgos cognitivos** para mejorar nuestra capacidad de pensamiento crítico. Los autores Richard Paul y Linda Elder nos recomiendan seis estándares que podemos aplicar para mejorar nuestro pensamiento crítico:

El primer estándar es el de la claridad, que es el modo como se plantea la propuesta. La pregunta que podemos hacer para mejorar la claridad es la siguiente: "¿Pueden los demás entender tu punto de vista?".

El segundo estándar es la exactitud en relación a todas las fuentes que nutren y soportan la propuesta. La pregunta que nos podemos hacer con relación a la exactitud es: "¿Cuáles son las fuentes que respaldan tu propuesta?".

El tercer estándar es la complejidad del nivel de análisis e investigación. La pregunta que nos podemos hacer con relación a la profundidad es: "¿Cómo abordas la complejidad del tema?".

El cuarto estándar es la relevancia sobre el entorno del tema que se está tratando. La pregunta que nos podemos hacer sobre la relevancia es: "¿Estás planteando las cuestiones clave?".

El quinto estándar es la profundidad en relación al nivel de análisis, investigación y explicación del tema que se está abordando. La pregunta que nos podemos hacer en relación a la profundidad es: "¿Has cubierto todos los puntos de vista?".

Finalmente tenemos el sexto estándar, que es la precisión que tiene que ver con asegurar que la propuesta es suficientemente específica. La pregunta que nos podemos hacer para este estándar es: "¿Es tu punto de vista suficientemente específico?".

Las nuevas economías están provocando que los distintos actores defiendan posturas enfrentadas. Por ejemplo, empresas como Glovoo o Deliveroo han intentado resolver distintos desafíos como la logística o el reparto a domicilio con distintos modelos de negocio. Sin embargo, al mismo tiempo que han ofrecido sus soluciones, se han generado nuevos retos. En los últimos meses hemos podido leer noticias cuya solución requiere de mayores dosis de pensamiento crítico por parte de todos los actores. Algunas noticias incluyen expresiones como: "Del '*boom*' de la construcción a la era de los peones digitales". "Los 'peones' de la economía colaborativa: 'No sé ni cuánto cobro por hora' ". Como podemos imaginar, se necesitarán grandes dosis de pensamiento crítico para entender las posturas de las distintas partes y buscar soluciones conciliadoras.

Creatividad

La creatividad se puede definir como la capacidad de generar nuevas ideas o conceptos que habitualmente producen soluciones originales. La autora Jane Henry explica en su libro *Creativity and perception in management*, que podemos encontrar una serie de teorías de la creatividad desde los años cincuenta hasta nuestros días:

- En los años cincuenta se pensaba que la creatividad estaba en manos de unos pocos elegidos.

- En los años sesenta se empezó a considerar que la creatividad es una habilidad para la flexibilidad mental. Se puede aprender.

- En los años setenta se observó que el papel de la experiencia era importante para la creatividad (construir creatividad sobre la experiencia). Por ejemplo, un músico o un jugador de ajedrez.

121

- En los años ochenta se incorporó la motivación intrínseca como un nuevo factor que fomentaba la creatividad. Puedes ser más creativo en áreas que te interesen.
- En los años noventa se encontró que el clima organizacional y el contexto social eran importantes para favorecer la creatividad. Por ejemplo, los entornos abiertos pueden facilitar la creatividad.

Todos estos factores tienen alguna repercusión en la creatividad. Al mismo tiempo existe otro concepto conocido como **"serendipia"**, que favorece la creatividad. La serendipia son descubrimientos o hallazgos afortunados e inesperados, que se producen cuando se está buscando otra cosa distinta.

Distintos autores han investigado los factores críticos de los individuos que han demostrado un rendimiento creativo alto. Entre estos factores merece la pena destacar algunas ideas propuestas por los autores Guilford y Perkins.

Guilford proponía en el año 1959 que las personas creativas potencian la originalidad, la flexibilidad, la fluidez de ideas, son sensibles a los problemas y tienen la habilidad de redefinir los desafíos. Perkins proponía en el año 1981 que las personas creativas poseen motivación intrínseca, habilidad para tomar riesgos, movilidad mental, tolerancia para la ambigüedad y habilidades para resolver problemas.

Si nos centramos en el mundo económico y nos fijamos en personas muy creativas del mundo de los negocios, podemos apreciar ciertos rasgos de personalidad. Las personas creativas hacen lo inesperado, son originales, tienen un sueño o propósito, están determinadas por su interés, en ocasiones están en el límite hacia lo obsesivo y puede ser difícil trabajar con ellos.

Mirando hacia el futuro y pensando en las nuevas economías, este mundo va a necesitar de grandes dosis de creatividad y humanismo por nuestra parte. Por ello, incluimos la creatividad como una habilidad fundamental para resolver los desafíos futuros.

⚠ **IMPORTANTE**

La creatividad se puede definir como la capacidad de generar nuevas ideas o conceptos que habitualmente producen soluciones originales.

◉ **¡OJO!**

Pensando en los desafíos que se avecinan, este mundo va a necesitar de grandes dosis de creatividad y humanismo en la creación de nuevas economías.

Conclusión

El mundo está cambiando de forma acelerada. En esta guía hemos empezado viendo la complejidad de algunas de las nuevas economías y sus interrelaciones. Para dar sentido a estas nuevas economías, este autor ha creado un método sencillo basado, metafóricamente, en una diana de tiro con arco. Desde los anillos externos hasta los internos, se han ido desgranando y analizando varios temas.

En primer lugar, hemos comenzado con once empresas que nos han servido de ejemplo para entender los inicios y fundamentos de algunas nuevas economías. Estas empresas son Amazon (1994), Ebay (1995), Netflix (1997), Wikipedia (2001), Just Eat (2001), Spotify (2006), BlaBlaCar (2006), Airbnb (2008), Kickstarter (2008), Uber (2009) y Fiverr (2010).

Después, hemos revisado nueve conceptos complejos que ayudan a entender algunos matices de las nuevas economías. Estos conceptos son la destrucción creativa, el modelo de negocio, la innovación disruptiva, las redes de innovadores, la innovación abierta, la sostenibilidad, las plataformas tecnológicas, la larga estela y la colaboración masiva.

A continuación, hemos entrado de lleno en siete economías concretas. Dichas economías son la economía de acceso, la economía P2P, la economía compartida o colaborativa, la economía bajo demanda, la economía *gig*, la economía circular y la economía de plataformas.

Hemos continuado con cinco herramientas útiles para sacar mayor partido a las nuevas economías. Estas herramientas son el pensamiento de diseño, el lienzo de modelo de negocio adaptado por Bocken 2013, el mapa de actores o *stakeholders*, la vigilancia tecnológica y la planificación de escenarios.

Finalmente, hemos terminado comentando tres habilidades que nos serán útiles para dar sentido a las nuevas economías actuales y para generar nuevas economías en el futuro. Estas habilidades son la resolución de problemas complejos, el pensamiento crítico y la creatividad.

Se avecinan años de cambios mayores, y esta guía nos puede dar algunas ideas para prepararnos hacia un futuro lleno de desafíos.

Referencias

— Acquier, A., Daudigeos, T. & Pinkse, J. (2017), "Promises and Paradoxes of the Sharing Economy: An Organizing Framework", *Technological Forecasting and Social Change*, July.

— Aguilar, F. J. (1967), *Scanning the Business Environment*, Macmillan.

— Anderson, C. (2006), *The Long Tail: Why the Future of Business Is Selling Less of More*, New York, N.Y.: Hyperion, 238 pp.

— Bardhi, F., & Eckhardt, G. M. (2012), "Access-Based Consumption: The Case of Car Sharing", *Journal of Consumer Research*, 39 (4), 881-898.

— Belk R. (2014), "You are what you Can Access: Sharing and Collaborative Consumption Online", *Journal of Business Research* 67, 8: 1595–1600.

— Benyus, J. M. (2009), *Biomimicry: Innovation Inspired by Nature*, Harper Collins.

— Berry, L.L. (1999), *Discovering the Soul of Service*, New York: Free Press.

— Blank, S. (2015), "Innovation Outposts and the Evolution of Corporate R&D", *The Huffington Post*.

— Bocken, N., Short, S., Rana, P. and Evans, S. (2013), "A value mapping tool for sustainable business modelling",

Corporate Governance, Vol. 13 No. 5, pp. 482–497.

— Booms, B., H., and Bitner, M., J., (1981), "Marketing strategies and organization structures for service firms, in Donnelly", J., H., and George, W., R., (eds). *Marketing of Services*. Chicago: American Marketing Association.

— Botsman, R. & Rogers, R. (2010), *What's Mine Is Yours Intl: The Rise of Collaborative Consumption*, HarperCollins.

— Braungart, M. & McDonough, W. (2002), *Cradle to Cradle: Remaking the Way We Make Things*, New York, North Point Press.

— Bughin, J., Hazan, E., et al. (2017), "Artificial Intelligence, The Next Digital Frontier", *McKinsey&Company*.

— Bughin, J., Catlin, T., Hirt, M. and Willmott, P. (2018), "Why Digital Strategies Fail", *McKinsey Quarterly*, January.

— Chafea, (2017), *"Exploratory Study of Consumer Issues in Online Peer-to-Peer Platform Markets"*, Final Report, Luxemburg: EU Commission.

— Chesbrough, H.W. (2003), *Open Innovation: The New Imperative for Creating and Profiting from Technology*, Harvard Business School Press, Cambridge, MA.

— Christensen, C. M. (1997), *The Innovator's Dilemma: When New Technologies Cause Great Firms to Fail*, Harvard Business School Press.

— De Estefano, (2016), "The Rise of the 'Just-In-Time Workforce': On-Demand Work, Crowdwork and Labour Protection in the 'Gig-Economy' ", *International*

Labour Office, Geneva.

— Eckhardt, G. M. & Bardhi, F. (2015), "The Sharing Economy Isn´t About Sharing at All", *Harvard Business Review*, January.

— Elkington, J. (1998), *Cannibals with Forks: The Triple Bottom Line of 21st Century Business*, New Society Publishers.

— Etzkowitz, H., & Leydesdorff, L. (1995), "The Triple Helix---University-Industry-Government Relations: A Laboratory for Knowledge-Based Economic Development", *EASST Review*, 14, 14-19.

— Fahey, L. & Narayanan, V. K. (1986), *Macroenvironmental Analysis for Strategic Management*, West.

— Felson, M. & Speath, J. (1978), "Community Structure and Collaborative Consumption", *American Behavioral Scientist*. 41, 614-624.

— Fernández, S. (2015), "La Economía de las Plataformas como Base del Crecimiento Empresarial", *Accenture Technology Vision* 2016.

— Freeman, R.E. (1984). *Strategic Management: A Stakeholder Approach*, Boston, MA: Pitman Publishing.

— Frenken, K. (2017), "Political Economics and Environmental Futures for the Sharing Economy", *Philosophical Transactions of the Royal Society*, A, 375.

— Fuchs V.R., (1968), *The Service Economy*, Columbia University Press.

— Furr, N. R. & Dyer, J. (2014), *The Innovator's Method:*

Bringing the Lean Startup Into Your Organization, Harvard Business Press.

— Gansky, L., (2010), "The Mesh: Why the Future of Business is Sharing", Qfinance: The Ultimate Resource.

— Guilford, J. P. (1959), *Personality,* New York: McGraw-Hill.

— Gurewitsch, S. (2015), "Growth Within: A Circular Economy Vision for a Competitive Europe", Ellen MacArthur, Sun, McKinsey Center for Business and Environment.

— Hansen, E.G., Grosse-Dunker, F. (2013), Sustainability-oriented innovation. In Idowu, S.O., Capaldi, A.D., Zu, L. Das Gupta, A (Eds.), Encyclopedia of Corporate Social Responsibility. Vol. 1. Springer, New York.

— Harris, L.C. and Ogbonna, E. (2006), "Service Sabotage: A Study of Antecedents and Consequences", *Journal of the Academy of Marketing Science*, Vol. 34, No. 4, pp 543-558.

— Henry, J. (2001), *Creativity and Perception in Management.* SAGE.

— Howe, J. (2006), "The Rise of Crowdsourcing", *Wired,* June.

— Kamp, B.; Ochoa, A. y Díaz, J. (2016), "Smart Servitization within the Context of Industrial User-supplier Relationships: Contingencies According to a Machine Tool Manufacturer", *International Journal of Interactive Design and Manufacturing.*

— Kenny, M. & Zysman, J. (2016), "Rise of the Platform Economy", *Issues in Science and Technology*, 32(3).

— Lin, M. and Salomonson, N., (2006), "The Role of Virtual Servants in e-Interaction", First International Pragmatic Web Conference, September 21-23, Stuttgart, Germany.

— Lovelock, C.H. and Wright, L. (1998), *Principles of Service Marketing and Management*, Upper Saddle River, NJ, Prentice Hall.

— Manyika, J., Lund, S., Bughin, J. et al. (2016), "Independent Work: Choice, Necessity, and the Gig Economy", Report - McKinsey Global Institute - October 2016.

— McCarthy, E. J. (1960), *Basic Marketing: A Managerial Approach*, Homewood, IL: Richard D. Erwin Inc.

— Mulcahy, D. (2017), "The Gig Economy: The Complete Guide to Getting Better Work, Taking More Time Off, and Financing the Life You Want", Amacom.

— Osborn, A. F. (1963), *Applied Imagination; Principles and Procedures of Creative Problem-Solving,* Scribner.

— Osorio, C. A. (2010), "El Arte de Fallar", *Harvard Business Review,* Mayo.

— Osterwalder, A. (2004), "The Business Model Ontology: a Proposition in a Design Science Approach", tesis doctoral. Lausana: École des Hautes Études Comerciales de l'Université de Lausanne.

— Osterwalder, A. & Pigneur, Y. (2013), *Business Model*

Generation: A Handbook for Visionaries, Game Changers, and Challengers, John Wiley & Sons.

— Pearce, D. W. and Turner, R. K., 1990. *Economics of Natural Resources and the Environment,* New York.

— Perkins, D. N. (1981), *The Mind's Best Work,* Cambridge, Massachusetts: Harvard University Press.

— Piezunka, H. (2011), "Technological platforms - An assessment of the primary types of technological platforms, their strategic issues and their linkages to organizational theory", *Journal für Betriebswirtschaft,* 61(2-3), 179-226.

— Porter, M. E. (1987), *From Competitive Advantage to Corporate Strategy,* Harvard Business School Press.

— Powell, W.W. & Grodal, S. (2005), *Networks of Innovators,* in: Fagerberg, J., Mowery, D.C., Nelson, R.R. (Eds.), The Oxford Handbook of Innovation, Oxford University Press, New York, pp. 56-85.

— Prahalad, C. K. (2006), *The Fortune at the Bottom of the Pyramid,* Pearson Prentice Hall.

— Rodríguez-Marín, S. (2017), "Los Modelos Colaborativos y bajo Demanda en Plataformas Digitales", Sharing España y Adigital.

— Rothwell, R. (1994), "Towards the Fifth-generation Innovation Process". *International Marketing Review,* Vol. 11, no. 1. pp. 7-31.

— Rust, R. T. and Chung, T. S. (2006), "Marketing Models of Service and Relationships", *Marketing Science,* Vol.

25, No. 6, pp 560-580.

— Schoemaker, P.H.J. (1993), "Multiple Scenario Development: Its Conceptual and Behavioral Foundation", *Strategic Management Journal,* Vol. 12 No. 3, pp. 193-213.

— Schultze, U. (2004), "Complementing Self-Service Technology with Service Relationships - The Customer Perspective", *e-Service Journal,* Vol. 3, No. 1, pp 7-31.

— Segarra, E. (2010), *¡Empresas Ganadoras! ¿Cuál es su secreto? ¿Cuáles sus estrategias?,* Bubok, Julio.

— Shostack, G. L. (1985), "Planning the Service Encounter", In J. A. Czipiel, M. R. Soloman, & C. F Suprenant (Eds.), The Service Encounter: Managing Employee/Customer Interaction in the Service Business (pp.243-263). Lexington Books, Lexington, MA.

— Slee, T. (2016), *What's Yours is Mine: Against the Sharing Economy,* New York; London: OR Books.

— Sousa, R. and Voss, C. (2006), "Service Quality in Multi-channel Services Employing Virtual Channels", *Journal of Service Research,* Vol. 8, No. 4, pp 356-371.

— Stanoevska-Slabeva, K., Lenz-Kesekamp, V. & Suter, V. (2017), "Platforms and the Sharing Economy: An Analysis", report from the EU H2020 Research Project Ps2Share: Participation, Privacy, and Power in the Sharing Economy.

— Täuscher, K., 2016. Business Models in the Digital Economy: An Empirical Study of Digital Marketplaces,

Working paper, Fraunhofer MOEZ, Leipzig.

— Teece, D. J. (2010), "Business Models, Business Strategy and Innovation", *Long Range Planning,* 43: 172-194.

— Vargo, S.L. and Lusch, R.F. (2004), "Evolving to a New Dominant Logic for Marketing*", Journal of Marketing,* Vol. 68, No. January, pp 1-17.

— Winkeljohann, N. (2015), "Shaping our Future", PwC, anual review, Collision 1, The Sharing Economy.

— Zeitham, V.A. and Bitner, M.J. (2003), *Services Marketing: Integrating Customer Focus across the Firm,* 3rd Edition, New York, NY: McGraw-Hill.

COLABORUM
economía colaborativa

Patrocinio

Este libro está patrocinado por **COLABORUM**, medio de comunicación especializado en economía colaborativa.

Colaborum es el primer portal online que se dedica exclusivamente a la economía colaborativa, apoyando a emprendedores y pequeñas y medianas empresas del sector, aportándoles visibilidad a través de nuestro portal online y nuestro programa de radio; Colaborum, en Radio Ya.

🌐 Web: **www.colaborum.info**
✉ E-mail: **info@colaborum.info**

Autores para la formación

C⦿nferencias
EDITATUM

Editatum y **GuíaBurros** te acercan a tus autores favoritos para ofrecerte el servicio de formación GuíaBurros.

Charlas, conferencias y cursos muy prácticos para eventos y formaciones de tu organización.

Autores de referencia, con buena capacidad de comunicación, sentido del humor y destreza para sorprender al auditorio con prácticos análisis, consejos y enfoques que saben imprimir en cada una de sus ponencias.

Conferencias, charlas y cursos que representan un entretenido proceso de aprendizaje vinculado a las más variadas temáticas y disciplinas, destinadas a satisfacer cualquier inquietud por aprender.

Consulta nuestra amplia propuesta en **www.editatumconferencias.com** y organiza eventos de interés para tus asistentes con los mejores profesionales de cada materia.

EDITATUM

Libros para crecer

www.editatum.com

Nuestras colecciones

Guías para todos aquellos que deseen ampliar sus conocimientos sobre asuntos específicos, grandes personajes, épocas, culturas, religiones, etc., ofreciendo al lector una amplia y rica visión de cada una de las temáticas, accesibles a todos los lectores.

CONOCIMIENTO Y SABER

Guías para gestionar con éxito un negocio, vender un producto, servicio o causa o emprender. Pautas para dirigir un equipo de trabajo, crear una campaña de marketing o ejercer un estilo adecuado de liderazgo, etc.

EMPRESA Y NEGOCIO

Guías para optimizar la tecnología, aprender a escribir un blog de calidad, sacarle el máximo partido a tu móvil. Orientaciones para un buen posicionamiento SEO, para cautivar desde Facebook, Twitter, Instagram, etc.

CIENCIA Y TECNOLOGÍA

Guías para crecer. Cómo crear un blog de calidad, conseguir un ascenso o desarrollar tus habilidades de comunicación. Herramientas para mantenerte motivado, enseñarte a decir NO o descubrirte las claves del éxito, etc.

CRECIMIENTO PERSONAL

Guías prácticas dirigidas a la salud y el bienestar. Cómo gestionar mejor tu tiempo, aprenderás a desconectar o adelgazar comiendo en la oficina. Estrategias para mantenerte joven, ofrecer tu mejor imagen y preservar tu salud física y mental, etc.

BIENESTAR Y SALUD

Guías prácticas para la vida doméstica. Consejos para evitar el cyberbulling, crear un huerto urbano o gestionar tus emociones. Orientaciones para decorar reciclando, cocinar para eventos o mantener entretenido a tu hijo, etc.

HOGAR Y FAMILIA

Guías prácticas dirigidas a todas aquellas actividades que no son trabajo ni tareas domésticas esenciales. Juegos, viajes, en definitiva, hobbies que nos hacen disfrutar de nuestro tiempo libre.

OCIO Y TIEMPO LIBRE

Guías para aprender o perfeccionar nuestra técnica en deportes o actividades físicas escritas por los mejores profesionales de la forma más instructiva y sencilla posible,

guía burros Autónomos

Empresa y Negocio

Autónomos

TODO lo que debes saber como autónomo

Borja Pascual

ACTUALIZADO
Ley de Reformas
Urgentes
del Trabajo
Autónomo

GuíaBurros para autónomos es una guía básica con todo lo que debes saber si eres autónomo o estás planteándotelo.

+INFO

http://www.autonomos.guia-burros.com